Immanuel Grauer
Orangen sind rot

W0352729

www.fontis-verlag.com

Eine Brücke zwischen Kopf und Herz

In Zeiten des gesellschaftlichen Mainstreams braucht es so ein Buch! Immanuel Grauer ist gewiss keiner, der sich von der allgemeinen Meinung vereinnahmen lässt. Er streitet gern. Aber nicht um des Streitens willen, sondern er ringt mit Kopf und Herz um Positionen und Haltungen, die nicht vom Zeitgeist gefressen werden können.

Der Autor lässt den Leser nicht emotional verhungern, während dieser seinen durchdachten und stichhaltigen Argumenten folgt. Beispiele aus der Praxis seiner Arbeit machen das Buch lebensnah und gut lesbar.

Grauer fordert den Leser aber auch heraus, seinen Kopf zu benutzen und nachzudenken. Hier sind Emotionalität und Leidenschaft keine Widersprüche zu Nüchternheit und klarem Verstand – er versöhnt sie geradezu. Diese Weite macht das Buch so wertvoll und spannend.

Dies ist nicht noch ein weiteres Buch zum Thema Glauben. Es spannt eine Brücke zwischen Kopf und Herz und eine Brücke zu einem gesunden Glauben. Das Buch ist ein packendes Plädoyer für ein bodenständiges Christsein, das aber mit Wundern rechnet und uns hilft, in unserer Zeit sprachfähig zu werden und überzeugend zu leben.

Friedemann Kalmbach, *Gemeinderat in Karlsruhe, Gründer der Buchhandlung Atempause und der Nehemia-Initiative in Karlsruhe*

Einer, der die scharfe Analyse nicht scheut

Glaube und Denken – eine Herausforderung für jeden Menschen, der sich in die Welt des Glaubens begibt. Immanuel Grauer, Pastor und Jugendreferent, steht mitten im Leben. Als Vater von acht Kindern kennt er die spannenden Seiten eines herausfordernden Alltags in Familie und Beruf(ung). Die Milieus der Jugendkulturen sind ihm vertraut.

Dieses Buch ist der «erste Aufschlag» eines kompetenten Jugendarbeit- und Gemeinde-Praktikers, der die scharfe Analyse nicht scheut und theologische Fragen gerne zuspitzt. Biblisch fundiert und denkerisch profiliert packt Immanuel Grauer heiße Eisen an.

Ein Buch zum Weitergeben für Zweifler und Fragende, die dem Glauben entweder skeptisch oder auch offen gegenüberstehen. Ebenso empfehlenswert und lesenswert für alle Haupt- und Ehrenamtlichen in Gemeinde und Jugendarbeit sowie für jeden, dem die Weitergabe des Evangeliums am Herzen liegt und der sich selber gerne nochmals für das eigene Glaubensleben herausfordern lassen will.

Johannes Neudeck, *Referent für Friedenspädagogik der württembergischen Landeskirche, Mitglied des Arbeitskreises für Religionsfreiheit der DEA, Gründer des Vereins «Hilfe konkret»*

Immanuel Grauer

Orangen sind rot

Farbtupfer für Gottsucher

fontis

Bibliografische Information der Deutschen Nationalbibliothek
Die Deutsche Nationalbibliothek verzeichnet diese Publikation in der Deutschen Nationalbibliografie; detaillierte bibliografische Daten sind im Internet über www.dnb.de abrufbar.

Die Bibelstellen wurden folgenden Übersetzungen entnommen:

ELB = Revidierte Elberfelder Bibel (Rev. 26) © 1985, 1991, 2008 by SCM R. Brockhaus, Witten
EÜ = Einheitsübersetzung © 2016 by Katholische Bibelanstalt, Stuttgart
GNB = Gute-Nachricht-Bibel © 2000 by Deutsche Bibelgesellschaft, Stuttgart
Hfa = Hoffnung für alle © 1983, 1996, 2002, 2015 by Biblica, Inc.®, hrsg. vom Fontis-Verlag, Basel
LB = Lutherbibel © 2017 by Deutsche Bibelgesellschaft, Stuttgart
NeÜ = Neue evangelistische Übersetzung © 2003–2010 by Christliche Verlagsgesellschaft, Dillenburg
NGÜ = Neue Genfer Übersetzung © 2011 by Genfer Bibelgesellschaft

© 2018 by Fontis-Verlag Basel

Umschlag: Spoon Design, Olaf Johannson, Langgöns
Foto Umschlag: (Orange) Ruslan Murtazin, shutterstock.com
(Frau) tryam, shutterstock.com
Fotos U4 und Klappen: Steven Chiang, Krasowit/Shutterstock.com
Satz: InnoSet AG, Justin Messmer, Basel
Druck: Finidr
Gedruckt in der Tschechischen Republik

ISBN 978-3-03848-155-3

Inhalt

Vorwort von Dominik Klenk

Orangen sind rot. Oder nicht? Wissen wir denn mit Sicherheit, was wir sicher wissen können? Oder was wir glauben? Sicherheit ist ein problematischer Zustand geworden. Vielmehr leben wir in einer Gesellschaft, in der nicht nur junge Menschen verunsichert sind. Die Skepsis, etwas Eindeutiges über Gott sagen zu können, scheint uns fest im Griff zu haben.

Immanuel Grauer ist den Skeptikern ein Skeptiker. Manchmal mit Klartext, manchmal liebevoll vorsichtig spricht der Autor in die Fragen von jungen Menschen hinein. Und da kennt er sich aus. Über zwanzig Jahre ist er in der Jugendarbeit drin und selbst ein «Berufsjugendlicher» geblieben.

Wer ist Gott? Und warum gibt es das Böse? Wie können wir Gott begegnen? Als Insider der postmodernen Denkkultur macht er sich an die großen Themen heran, die Menschen aller Zeiten am guten Gott zweifeln lassen. Themen, die uns nicht in Ruhe lassen. Und er formuliert vorsichtig neue Antworten in eine neue Zeit hinein. Er kommt dem Leser nah, er rückt ihm auf die Pelle. Er ist selber ein Sucher. Aber er bleibt nicht beim Suchen stehen, sondern er teilt seine Fundstücke, seine Hoffnungsbögen und Ewigkeitsfunken. Und diese Funken springen über von dem einen Gott, der auch Licht und Feuer ist.

Das Buch lässt den Leser nicht kalt. Es ermutigt. Es wärmt – und sei es durch Reibung und Widerspruch. Orangen sind rot. Oder nicht?

Dr. Dominik Klenk,
CEO Fontis-Verlag

Entrée

Schon seit meiner Teenagerzeit interessiert mich der Zusammenhang zwischen Glaube und Denken. Gerne, manchmal auch etwas beschämt, denke ich zurück an meine Wortgefechte mit meinen – von mir als engstirnig abgekanzelten – Lehrern. Bestimmt gaben wir ein schönes Bild ab für meine Mitschüler. Und wenn sie sich auch nur darüber freuten, dass wieder eine Unterrichtsstunde ohne nennenswerte Arbeit, geschweige denn Ergebnis, zu Ende gegangen war.

In der Abiturzeit, später im Studium und schließlich während meiner Arbeit als Jugendreferent wurde ich dann zunehmend mit lebenden oder in der Literatur verewigten Denkern konfrontiert, die mich ganz schön in Frage gestellt haben. Wohltuend. Ich merkte auf einmal, dass nichts so sicher ist, wie es auf den ersten Blick scheint.

Vieles entscheidet sich am Axiom (dem als wahr angenommenen Grundsatz) oder dem darauf aufbauenden Paradigma (der grundsätzlichen Denkweise). So ist es mir bis heute ein inneres Anliegen, den christlichen Glauben reflektiert zu leben und zu bezeugen. Manchem zum Anstoß – so oder so.

Ich wünsche dem geneigten Leser, dass er* sich möglichst frei machen kann von Vorurteilen und seiner etwaigen Abneigung gegenüber Frommen. Vielleicht wird er dann Entdeckungen machen, die sein Leben nachhaltig bereichern. Das wäre meine Hoffnung und mein Ziel.

Immanuel Grauer

* Mann/Frau verzeihe mir meine durchgängig «unge**gender**te» Formulierung im generischen Maskulinum. Das soll kein Ausdruck von Boshaftigkeit sein, sondern ist primär eine Vereinfachung.

Erst auf den zweiten Blick ...

Orangen sind rot. Das kann ja jeder behaupten. Orangen sind doch orange, nicht? Daher doch auch der Name! Was also soll dieses eigenartige Wortspiel?

Orangen sind orange, ja, das ist schon richtig. Jedenfalls auf den ersten Blick. Der Mensch sieht, was vor Augen ist. Auch ich. Und was er sieht, das beurteilt er dann auch. Und schon ist das Urteil gefällt, vielleicht auch bereits das Vorurteil. Und möglicherweise wird es hinterher nie mehr revidiert.

Wer die Dinge nicht von innen her sieht und betrachtet, sieht allerdings oft das Entscheidende nicht. Denn was man mit seinen zwei Augen sieht, ist nicht immer die ganze Wahrheit.

Ich meine: Eine Religion, die durchaus ihre problematischen Phasen in der Geschichte hatte und noch immer hat? Menschen, die bei aller Liebesmüh auch ziemlich viel falsch gemacht haben und immer noch falsch machen? Ein Religionsgründer, der am Schluss keine Königskrone, sondern eine Dornenkrone bekam, und der mit seiner Mission letztlich am Kreuz der regierenden Weltmacht endete? – Vielleicht denkst du: Was gibt es da schon zu entdecken, was mir einen Mehrwert bringen sollte?

Mag sein, dass du das mit dem christlichen Glauben bisher so betrachtest. Aber wie gesagt, die Orange könnte rot sein!

Ein zweiter Blick auf diesen Mann mit der Dornenkrone lohnt sich.

Diesen zweiten Blick, den wünsche ich uns so sehr.

Weil noch jeder, der diesen zweiten Blick wagte, nachher überglücklich war, dass er nochmals neu schauen, neu denken, neu erkennen und neu «Danke!» sagen durfte.

Viele von uns haben ganz andere Vorbilder, zu denen sie aufschauen wollen: Fußballer, Gutmenschen, Stars und Sternchen, Oscar-Gewinner, Start-up-Unternehmer, IT-Pioniere, Börsengurus, Winner-Typen, *smashing guys*, lebende Legenden, wunderschöne Frauen, Royals, Stil-Ikonen.

Der Mann am Kreuz wirkt da auf den ersten Blick ziemlich fehl am Platz. Er passt nicht so recht ins Bild unserer Vorstellungen vom Erfolg der Reichen und Schönen, zu denen wir doch auch an einem Zipfel noch dazugehören wollen.

Es ist nur so: Während alle anderen (ich inklusive) schon bald wieder von der Bildfläche verschwunden sein werden, wird der Gekreuzigte immer noch da sein.

Deshalb lohnt sich der zweite Blick. Dieses Buch kann dir dazu eine Denkanregung sein. Denn nicht alles im Leben ist so, wie es auf den ersten Blick scheint.

Bereit?

Vorgeplänkel:

Glaube in der Postmoderne

Bevor wir uns dem Thema Glauben nähern, müssen wir zuerst einen Ausflug unternehmen in unser Inneres. Damit meine ich nicht das Innere jedes Einzelnen von uns, sondern das Innere unserer westlichen Gesellschaft: Wie ticken wir? Wie glauben wir?

Es gab allein in Deutschland unglaublich gigantisch krasse Veränderungen im letzten Jahrhundert. Vor hundert Jahren hat sich Deutschland noch im Ersten Weltkrieg befunden. Wir haben Weimarer Republik, Drittes Reich, deutsches Wirtschaftswunder, Studentenrevolten und RAF hinter uns gebracht, Deutschland wiedervereinigt und sind ins digitale Zeitalter durchgestartet.

Diese äußeren Veränderungen unseres Seins haben tiefe Spuren in unserem Inneren hinterlassen.

Wir befinden uns heute in einer Zeit, die man allgemein die Postmoderne nennt.

Mit «Postmoderne» bezeichnen Soziologen die Zeit nach der Moderne. (Ob die Postmoderne es wert ist, als ein eigenes Zeitalter zu gelten, wird die Geschichte erst noch zeigen.) Als Moderne wird allgemein das Zeitalter ab der Aufklärung und der industriellen Revolution verstanden.[1] Dieses war geprägt durch Entdeckungen, einen unerschütterlichen Fortschritt(sglauben) und durch die Globalisierung.

Auslöser für die Vorstellung vom Ende dieser Moderne und dem Beginn einer Postmoderne war die Beobachtung: Es entwickelt sich eben doch nicht immer alles nur aufwärts, so wie die Moderne uns das glauben lassen wollte; der Mensch degeneriert auch, zumindest in seinem Verhalten.

Der Fortschrittsglaube bekam auch anderweitig Risse: Die Vorstellung von einer endlosen Erweiterung der Lebensmöglichkeiten haben wir als Traum entlarvt. Die Menschen wissen, dass ihre Probleme von der Wissenschaft und Technik trotz aller Weiterentwicklungen nicht vollständig bewältigt werden können. Das Vertrauen in grenzenloses wirtschaftliches Wachstum wurde enttäuscht. Wir spüren heute, mehr denn je, eine äußere und innere Unvollendetheit.

Meiner Beobachtung nach wird somit in unserer postmodernen Gesellschaft gerade die junge Generation in einem inneren Vakuum und Chaos zurückgelassen, was sie in Bezug auf Lebens- und Glaubensfragen zutiefst verunsichert.

Was bestimmt uns?

Moderne	Postmoderne
Blick in die Zukunft	Blick in die Gegenwart
Fortschrittsgläubigkeit	Verlust des Fortschrittsglaubens
Strukturen und Regeln	Verstoß gegen Regeln und Konventionen

Ich lebe in einem Milieu, das man vielleicht als «gutbürgerlich» bezeichnen könnte. Meine Kinder wachsen mit Altersgenossen auf, die ein hohes Bildungsniveau aufweisen. Zum Teil sind sie auf Privatschulen. Gleichzeitig arbeite ich sehr gerne mit Menschen aus dem unteren Bildungssektor: mehr männlich als weiblich, mehr migrantisch als deutschstämmig. Die Verlierer unseres Bildungssystems.

Doch interessant ist für mich, dass ich durch diese ganzen Gesellschaftsschichten hindurch bestimmte Züge wahrnehmen kann, die unsere Zeit heute trotz aller Aufsplitterung umfassend prägen.

Jeder von uns wächst in einem bestimmten Setting auf: unsere Familie, Schule, Freunde, Bildung, Literatur, Gesellschaft – all das hat eine prägende Kraft auf uns und gestaltet den Menschen mit, der uns ausmacht. In so einem gesellschaftlichen Setting gab und gibt es zu jeder Zeit bestimmte Grundwerte, die stärker prägen als andere.[2]

Hier lohnt es sich, einmal hinzuschauen, was uns denn prägt. Und da fallen mir gleich ein paar interessante Grundwerte auf, die so vielleicht in keiner soziologischen Studie zu finden sind.

Gelobt sei die Verunsicherung

Die Postmoderne definiert sich wie gesagt in Abgrenzung zur Moderne, von daher auch die Begrifflichkeit. Neben dem schon erwähnten Zweifel am Fortschrittsglauben ist ein weiteres Kennzeichen der Postmoderne die Infragestellung des scheinbar Bekannten: Das Unbestimmbare, das Nichtzeigbare, das Indefinite erlebt eine Hochkonjunktur.

Im Grunde trägt unsere Zeit deutlich nihilistische[3] Züge: «Es ist eh alles egal.»

Interessant, dass die Postmoderne ihre Vorläufer in der Kunst hatte. Ich verstehe zum Beispiel den Dadaismus als solch einen Vorläufer: Anti-Kunst als Kunst. Was bisher als schön definiert war, wurde zunichtegemacht im Dadaismus, der Zufall wurde als künstlerisches Mittel neu entdeckt. Beispiel gefällig?

KARAWANE

jolifanto bambla ô falli bambla
grossiga m'pfa habla horem
égiga goramen
higo bloiko russula huju
hollaka hollala
anlogo bung
blago bung
blago bung
bosso fataka
ü üü ü
schampa wulla wussa ólobo
hej tatta gôrem
eschige zunbada
wulubu ssubudu uluw ssubudu
tumba ba- umf
kusagauma
ba - umf

Hugo Ball[4]

Viele von uns sind zutiefst verunsichert durch die postmoderne Welt, in der alles relativ zu sein scheint. Wir kämpfen darum, das Leben unter die Füße zu bekommen! Frei nach dem Motto von Mark Twain: «Als wir unser Ziel endgültig aus dem Auge verloren hatten, verdoppelten wir unsere Anstrengungen.»[5]

Weil das Nichtseiende zum inneren Ideal erhoben wird, wird an vielen Orten und in vielen Herzen jede Ordnung in Frage gestellt. Die Folge ist eine innere Anti-Haltung gegen jedwede Erklärungsversuche, gegen Ordnung, gegen Bevormundung. Der Anarchismus blüht auf als politische Grundhaltung. – In der Gegenbewegung hat aktuell auch wieder der Nationalpatriotismus Konjunktur, der versucht, inneren Orientierungsverlust durch das Festhalten an äußeren Ordnungen zu kompensieren.

Wir verlieren alle: Wir verlieren Sicherheit. Wir verlieren Tiefe. Ja, wir verlieren unser Ich.

Gelobt sei, was nicht festlegt

Regeln werden als einengend empfunden. Viele von uns versuchen, Regeln zu umgehen oder zumindest die Regeln zum eigenen Vorteil auszunutzen. Die Zeit des Nationalismus und Nationalsozialismus mit klaren Strukturen, Ordnungen und Regeln ist uns noch ungut in Erinnerung.

Und viele in der jungen Generation haben darauf keine Lust mehr. Auch hier finden wir die Vorläufer dieses Denkens in der Kunst: Regeln werden entwertet, Kunst und Kitsch ist für viele gleichwertig. Auf einmal liegt die Schönheit im Auge des Betrachters.

In der Denke beobachte ich bei vielen ein Aufbäumen gegen den Kanon, gegen Religionen, Systeme und Ideologien: Niemand soll mich festlegen, keiner soll mir vorschreiben, was ich zu denken oder zu glauben habe.

Dieser Hyperindividualismus wird damit selbst zur Ideologie: Du darfst alles subjektiv sagen, aber nichts objektiv behaupten. «Bitte, bitte, leg mich nicht fest.»

Sehr gut können wir das in der Identitätsbildung beobachten. Der Gedanke des Genderismus/Gender-Mainstreaming entsteht erstmals 1985 auf der UN-Weltfrauenkonferenz in Nairobi, wird 1995 in Peking weiterentwickelt und setzt sich von dort in allen westlichen Gesellschaften durch: «Ich kann mein Geschlecht selber wählen!»

Jeder, der behauptet, dass Menschen biologisch festgelegt sind, wird bekämpft. Kampf dem heterosexuellen, weißen, religiös-fundamentalistischen und/oder rechtspopulistischen Pöbel!

Bei dieser Ideologie läuft viel über Veränderung der Sprachkultur. Beeinflussung und Indoktrination werden wieder zum Mittel der Wahl.

Unser gebrochenes Verhältnis zu gegebener Ordnung macht es uns in der Lebenspraxis auch sehr schwer, mit Fremdem selbstbewusst und hilfreich umzugehen: Wir haben Mühe, über Integration zu reden, da wir den Begriff der Leitkultur (und des dahinter stehenden Gedankens, jemand anderem unsere Kultur gefühlt «aufzudrängen») als einengend empfinden und jede Schubladisierung anderer innerlich verabscheuen.

Ein ganz klassisches Beispiel dafür können wir bei den Reaktionen auf die sexuellen Übergriffe von «Maghreb»-Asylanten in der Kölner Silvesternacht (2015/2016) auf deutsche Frauen beobachten. Wir tun uns sehr schwer, das klar zu benennen. Die Polizei hatte tagelang verschwiegen, dass es quasi tausend fast ausschließlich Geflüchtete waren, die das taten. Aus Angst vor der Rassismus-Keule.

All dies ist für mich ein Symptom unseres inneren Verlusts von Orientierung. Wenn alles gleich gültig ist, dann wird eben auch alles gleichgültig, wie der Volksmund schon sagt.

Gelobt sei der Extremismus!

Der Verlust von Sicherheit führt zu einem Ausbluten der gesellschaftlichen und politischen Mitte. Immer breiter wird unser rechter und linker Rand. Durch die Digitalisierung der Welt und die schlauen Algorithmen der Internetgiganten werden wir andauernd verlinkt mit Inhalten, die so ähnlich sind wie die Gedanken, die wir schon kennen und lieben. Wir beschäftigen uns nur noch mit Unseresgleichen.

Ich beobachte, dass das Internet uns nicht mehr Freiheit gebracht hat, sondern mehr Verengung der Denkwelt. Die Communities und Netzwerke Gleichgeschalteter, die sich gegenseitig bestätigen und radikalisieren, wachsen.

Auch in der Politik können wir Ähnliches beobachten. Die gefühlt linke Medienkontrolle führt zur Gegenbewegung der Basis: Trump, Erdoğan, Orbán sind nicht zufällig an die Macht gekommen. Rechts die Neu-Nationalisten, links die Occupy-Bewegung – eine echte Politik der Mitte geht verloren oder wird unmöglich.

Das treibt dann wilde Blüten, wie zum Beispiel die «Safe Spaces» in amerikanischen Colleges mit klaren Sprach- und Benimm-Regeln, die frei sind von Diskriminierung, Kritik, Schikanierung oder anderem emotionalem oder physischem Schaden. Darüber berichten bürgerlich-konservative Intellektuelle schon lange: Wir werden durch dieses Instrument mundtot gemacht, ausgegrenzt.

Und auch im Bereich der Religionen: Die «supertolerante» Intoleranz der Säkularisten und politisch korrekten Volkskirchen gegen das Thema «Mission» hinterlässt ein religiöses Vakuum: Die radikale Mission der Salafisten und anderer gedeiht darin prächtig.

Wir als Christen haben dem scheinbar nichts mehr entgegenzusetzen. Wir schaffen es kaum, einen ausgewogenen Mittelweg zu finden, auch beim Thema Glauben. Wir schubladisieren und extremisieren, verteufeln und grenzen uns ab. Die Folge ist ein Verlust von Diskursfähigkeit gerade auch über strittige Themen des Glaubens.

Leider gibt es in unserer Gesellschaft nur sehr selten einen friedlichen und liebevollen Wettstreit, wenn es um religiöse oder auch um andere Themen geht. Da sind wir eher gut im Niedermachen des anderen. Zu beobachten zum Beispiel beim sogenannten «Marsch für das Leben»[6] oder der «Demo für alle»[7]. Diese Demos müssen polizeilich geschützt werden; man will ihre Stimme nicht hören.

Fast hat man den Eindruck: Wer nicht laut rumschreit, wird überhört! Und die Menschen gehen je nach Milieu sehr unterschiedlich damit um: Manche kämpfen vehement für das Vergangene, andere vehement an der vorderen Front für Experimentalistisch-Neues.

Aber viele leben auch einfach nur in einer Art pragmatischem Hedonismus: «Das Leben ist scheiße, lass es uns genießen und das Beste für uns selbst rausholen.»

Soziologisch könnten wir deswegen von Hyperbolisierung[8] und Karnevalisierung unserer Zeit sprechen. Ironie ist das bittere Mittel des Sinnlosen. Immer wieder kommt eine Gesellschaft an so einen Scheidepunkt der innerlich empfundenen Leere.

Auch aus der Zeit des biblischen Propheten Jesaja ist uns solch eine Grundhaltung überliefert: «Lasst uns essen und trinken, denn morgen sind wir tot!»[9], hieß es damals.

Was wir bitter nötig haben

Unser gesellschaftliches Setting scheint nun klar beziehungsweise unklar …

Jedoch: Was sollen wir damit anfangen? Wie finden wir unter den Bedingungen der Postmoderne einen Weg für uns?

Ich habe für mich erkannt, dass die Bibel unheimlich wertvoll werden kann, um Orientierung zu gewinnen. Deswegen werde ich mich in diesem Buch auch immer wieder auf die Bibel beziehen und versuchen, einen Bogen zu schlagen zu uns und unserem Leben.

Ab und zu kamen Menschen zu Jesus mit der Frage: «Herr, was soll ich tun?» Und Jesus gab ihnen gute Ratschläge. Ich glaube, auch uns heute würden diese Lektionen helfen, könnten wir ihren Wert für uns selbst erkennen.

Wir brauchen wieder Mut, liebevolle, klare Positionen zu beziehen

Mal ehrlich: Wir sind in vielen Bereichen weichgespülte Harmoniemenschen. Ich selbst bin da ganz vorne mit dabei. Positionen zu vertreten, die der Meinung der Mitmenschen widersprechen, fällt keinem leicht. Immerhin ist bekannt, dass die fünf höchsten Werte junger Menschen schon seit vielen Jahren die Werte der privaten Harmonie sind: gute Beziehungen, gute Familie, gute Freunde etc. ...[10]

Wir ringen oft gar nicht um klare Positionen für uns selbst, aus lauter Angst, anderen damit auf die Füße zu treten! Dabei können klare Ansagen nicht nur verletzen, sondern auch aufbauen und unseren Mitmenschen helfen! Entscheidend ist die Motivation: *Wieso* beziehen wir Stellung?

Wir brauchen eine Klarheit, die auf Liebe zu unseren Mitmenschen basiert. Hier kann die Bibel helfen. Die Bibel erklärt uns Liebe als etwas Starkes, Tragendes, Klares:

«Meine Freunde, wir wollen einander lieben, denn die Liebe hat ihren Ursprung in Gott, und wer liebt, ist aus Gott geboren und kennt Gott. Wer nicht liebt, hat Gott nicht erkannt; denn Gott ist Liebe. Und Gottes Liebe zu uns ist daran sichtbar geworden, dass Gott seinen einzigen Sohn in die Welt gesandt hat, um uns durch ihn das Leben zu geben. Das ist das Fundament der Liebe: nicht, dass wir Gott geliebt haben, sondern dass er uns geliebt und seinen Sohn als Sühneopfer für unsere Sünden zu uns gesandt hat.»[11]

Liebe erfordert Klarheit und mutige Entscheidungen. Gott hat es vorgemacht und aus Liebe eine klare und mutige Entscheidung getroffen: Er hat unsere Verlorenheit gesehen und hat das größtmögliche Opfer gebracht, um uns dort herauszuholen.

Die ersten Nachfolger Jesu, zu denen auch der Verfasser der Johannesbriefe gehörte, haben das begriffen und aus ihrem Glauben heraus den Mut gefunden, liebevolle und klare Positionen zu beziehen gegen eine anders tickende Gesellschaft. Schon damals. Als es wesentlich gefährlicher war als heute.

Sie haben es gegen die gesellschaftliche Mehrheitsposition laut gesagt: «Ich glaube an Jesus Christus. Er ist der Sohn Gottes. Er ist der Erlöser dieser Welt. Es ist möglich, eine persönliche Beziehung mit ihm zu haben. Wer nicht an ihn glaubt, geht verloren.»

Das war sicher nicht einfach, dafür gab es sehr viel Gegenwind. Geschichtlich bezeugt. Aber es war eine mutige Entscheidung, die aus einer tiefen Liebe für die Menschen in ihrem Umfeld kam. Diesen Mut wünsche ich auch mir und dir.

Wir brauchen die Fähigkeit, uns tolerant und vehement mit anderen Meinungen auseinanderzusetzen

Das Christentum war jahrhundertelang der Wächter der gesellschaftlichen Moral unserer westlichen Welt. Das hat sich erosionsartig gewandelt: Die Kirche des 21. Jahrhunderts hat im Westen ihren Einfluss weitestgehend verloren. Oft wird sie heute sogar als etwas zu Bekämpfendes angesehen. Es sei denn, sie ändert in vorauseilendem Gehorsam ihre jahrtausendealten Überzeugungen zu Gunsten des Zeitgeistes.

Ich persönlich glaube: Der Toleranzbegriff wurde uns gestohlen. Wir brauchen ihn wieder. Wir brauchen wieder eine klare eigene Meinung, die gesagt werden muss. Eine klare Meinung, die andere klare Meinungen durchaus auch stehen lassen kann. Ohne Unterschiede kleinzureden. Ich muss sagen können: «Ich denke, dass du falsch liegst und dass ich recht habe!» Das ist die Grundlage von echter Toleranz.

Lasst uns zudem ins Gespräch kommen: «Wie erlebst du Gott? Wie erlebe ich ihn?» Lasst uns wieder eine «missionarische» Gesinnung entwickeln, andere teilhaben lassen an dem, was in uns ist. Ohne das Gegenüber lächerlich zu machen und dabei übermäßig zu polemisieren.

Jesus sagt: «Ich bin der Weg, ich bin die Wahrheit, und ich bin das Leben. Zum Vater kommt man nur durch mich.»[12] Das war zu seiner Zeit eine deutlich exklusive Aussage in einer polytheistischen[13] Umgebung. Aber sie hatte die Kraft, eine ganze Welt nachhaltig zum Besseren zu verändern.

Wenn du mir jetzt gegenübersitzen würdest, würde ich gerne mit dir ins Gespräch kommen, mir deine Sicht der

Dinge anhören, von dir erfahren, was ich lernen kann, ohne meine Meinung in vorauseilendem Gehorsam schon im Vorhinein relativieren zu müssen!

Wir brauchen mehr kraftvolle Demut und das Wissen um unsere eigene Begrenztheit

Ich weiß nicht alles. Ehrlich gesagt: Je mehr ich lese, je mehr ich studiere und Wissen ansammle, desto mehr entdecke ich, was ich alles noch *nicht* weiß! Eine wichtige Entdeckung für mich ist gewesen: Ich bin nicht Gott. Deshalb kann und brauche ich mich auch nicht mit diesem Gott – wenn er denn wirklich Gott ist – auf Augenhöhe auseinanderzusetzen. Eine Erkenntnis, die schon früh im Christentum Eingang gefunden hat: «So? Wer bist du eigentlich? Du Mensch willst anfangen, mit Gott zu streiten?»[14]

Gott ist an und für sich außerhalb von mir. Das heißt, ich muss nicht die Letztverantwortung tragen. Ein anderer tut es. Er kann für sich selbst sorgen – und auch für diese Welt. Ich kann mich einfach auf den Weg machen, ihn zu entdecken. Dabei werden nicht alle Fragen meines Lebens geklärt. Aber ich kann trotzdem Frieden finden über das Leben.

Und das ist viel wert. Gerade in einer immer diffuseren und extremeren Welt.

Rick Warren, ein amerikanischer Pastor, verlor vor wenigen Jahren seinen 27-jährigen Sohn durch Suizid. In seiner ersten Predigt nach seiner Trauer-Auszeit gab er diese wertvolle Erkenntnis aus der Leidenszeit seiner Familie weiter: «Ich will lieber mit Gott leben und keine Antwort auf meine Fragen bekommen, als ohne ihn zu leben und alle Antworten zu kennen.»[15] Beeindruckend ehrlich.

Ich glaube, dass Gott genug ist für mein Leben. Ich glaube, dass ich ihn nie «im Griff» haben kann, aber er mich. Und das ist genug. Diese Demut entfaltet eine große Kraft in meinem Leben.

Wie ist das nun mit dem Glauben in der «Postmoderne»? Viele erleben ihr eigenes Leben als Tappen im Dunkeln.

Da sitzt ein junger Mann vor mir und beschreibt sein Inneres so: «Ich bin in einem Tunnel gefangen und habe Angst, einen falschen Schritt zu tun. Ich könnte ja abstürzen.»

Vielleicht kommen auch dir manchmal solche Gedanken. Mir scheint: Ich brauche jemanden von außen, der meine Hand ergreift und mich ins Licht führt. Das kann kein Mensch für einen anderen tun. Wir können nur auf das Licht verweisen. Aber Gott, wenn er wirklich Gott ist, ist fähig dazu. Und weil der Mensch begrenzt ist und das Eingreifen Gottes in sein Denken und Leben braucht, konnte Jesus ganz gelassen auch harte Worte aussprechen. Denn er buhlt bis heute nicht um Fans. Er will Nachfolger.

> «Empört sagten viele seiner Jünger: ‹Was er da redet, ist eine Zumutung! Wie kann man von jemand verlangen, sich so etwas anzuhören?› Jesus war sich bewusst, dass die Jünger über seine Worte empört waren. ‹Daran nehmt ihr Anstoß?›, fragte er sie. [...] Er schloss mit den Worten: ‹Aus diesem Grund habe ich zu euch gesagt: Niemand kann von sich selbst aus zu mir kommen; es kann nur durch das Wirken des Vaters geschehen.› Von da an zogen sich viele seiner Jünger von ihm zurück und begleiteten ihn nicht mehr. Da fragte Jesus die

> Zwölf: ‹Wollt ihr etwa auch weggehen?› – ‹Herr, zu wem sollten wir gehen?›, antwortete Simon Petrus. ‹Du hast Worte, die zum ewigen Leben führen, und wir glauben und haben erkannt, dass du der Heilige bist, den Gott gesandt hat.›»[16]

Diese Erkenntnis war in Petrus durch Erfahrung gereift, nicht durch das Denken. Vielleicht kann dieses Buch mehr bewirken, als dich bloß zum Denken zu animieren. Vielleicht kann es ein Anstoß für dich werden, diesen Gott zu finden. Oder offen zu sein dafür, dass er *dich* finden könnte. Aber: *Step by step.*

Lass uns zunächst noch ein paar Dinge anschauen, die für manche Menschen Stolpersteine auf dem Weg des Glaubens sind.

Teil 1

Annäherung ans Metaphysische

The White Man's Burden

Menschenrechte werden generell immer hoch gelobt und als fortschrittlich und universell gepriesen. Unter dem Label *human rights* werden Entwicklungshilfen initiiert und Kampagnen gestartet, wobei oftmals peinlich genau darauf geachtet wird, sich als post-kolonialistisch darzustellen und jeden Anschein von religiösen Konzepten zu vermeiden. Man möchte ja nicht intolerant sein.

Das Bundesministerium für wirtschaftliche Zusammenarbeit und Entwicklung (BMZ) und die Deutsche Gesellschaft für Internationale Zusammenarbeit (GIZ) luden für den Februar 2016 zu einer Konferenz «Partner für den Wandel: Religionen und die Agenda 2030» ein, bei der eine neue Strategie zur Zusammenarbeit mit Religionen präsentiert wurde. Unter anderem sagte dort Entwicklungsminister Gerd Müller: «Ohne den Beitrag der Religionen werden wir die globalen Herausforderungen nicht bewältigen können.»[17]

Das ist schon ein sehr starker Wandel der Politik im Verhältnis zu den Religionen. «Eine wertebasierte Entwicklungspolitik nimmt den Beitrag der Religionen ernst. Überall dort, wo wir gemeinsam mehr erreichen können, werden wir die Zusammenarbeit mit religiösen Akteuren ausbauen. Dafür definieren wir in unserer Strategie klare Kriterien.»[18]

Hört sich zunächst wirklich ernsthaft an. Wenn wir aber etwas näher in die Agenda einsteigen, dann sehen wir eine klare Absage an einen sogenannten «Missions-Gedanken»: «Im Rahmen der Zusammenarbeit sind Aktivitäten, die der Verkündigung und Verbreitung von Religionen dienen, ausgeschlossen.»[19]

Wie kam es zu so einer Haltung? Es hat sicher viel mit unserer kolonialistischen Vergangenheit zu tun. Das ist ein Stein, über den so mancher stolpert, wenn er sich für den christlichen Glauben interessiert.

Das Bild des Kolonialismus ist negativ geprägt durch die sogenannten «Christen», die es sich zur «Last des weißen Mannes» («The White Man's Burden»[20]) gemacht haben, andere Völker auszubeuten und zu unterdrücken, obwohl sie angeblich «christliche Werte» propagierten. Aus diesem Grund gilt für viele westliche Säkularisten: «Mission» = böse.

Ein Grundgedanke, der mir unterschwellig immer wieder entgegenschlägt, ist: Menschenrechte hängen mit einem Kulturrelativismus zusammen und sind super. Explizit christlichen Werten haftet dagegen der Geruch des Kolonialismus an, und solche Werte sind böse.

Die Schuld des Westens

Vor einiger Zeit saß ich bei unserer örtlichen Polizei, um eine Anzeige zu erstatten gegen eine Internetfirma, die mir unrechtmäßig monatlich Geld abgebucht hatte. Meine Bankberaterin meinte, das wäre eine Sache von wenigen Minuten. Leider hat sie nicht mit dem Sendungsbewusstsein des Beamten gerechnet, der mir nun gegenübersaß.

Die Aufnahme der Anzeige dauerte über eine Stunde, weil der Polizist mir das gesamte Leid der Polizeistation klagen musste und vor allem den Fluch der Globalisierung anprangerte (wie auch immer wir darauf gekommen sind, vermutlich weil die Internetfirma international agierte und nicht explizit deutschem Recht unterlag).

Seine Stammtischphrase am Schluss lautete: «Das ist alles menschengemacht, wir haben ein Monster erschaffen, das uns frisst.»

Vielen reflektierenden Menschen geht es genauso: Wir haben erkannt, dass wir als Westen Mist gebaut haben in der Vergangenheit, und würden uns deswegen gerne raushalten aus der Welt, aber «unsere Menschenrechte» möchten wir in anderen Ländern schon gern einführen, weil wir sie für universell gültig halten. (Warum eigentlich?)

Das beißt sich doch irgendwie. «Die Gegenwart hat zwei kontrastierende Trends hervorgebracht, zum einen die Aufwertung der Menschenrechte als Leitfaden des Handelns von staatlichen und nichtstaatlichen Einrichtungen, zum anderen aber die Gefährdung der Rahmenbedingungen, unter denen in großen Teilen der Welt die Menschenrechte und die Standards elementarer Humanität gewährleistet werden können.»[21]

Wir sind halt immer noch Kolonialisten: Irgendwie müssen wir nach wie vor in der «Human rights»-Mission nach unserem Gutdünken Länder verändern. Aus obigen Worten spricht ein typisch westliches Überlegenheitsdenken, das sich allerdings noch deutlich steigern lässt:

«Wir befinden uns wegen unserer einzigartigen Vorteile und Stärken in einer einzigartigen Position – aufgrund des Charakters unseres Volkes, der Stärke unserer Ideale, der Macht unseres Militärs und der enormen Wirtschaftskraft, die all dies trägt.» Das sagte US-Vizepräsident Dick Cheney in einer Rede vor dem Rat für auswärtige Beziehungen in Washington D.C. im Februar 2002.

Oh ja, der Westen hat Schuld auf sich geladen durch seine Kolonialgeschichte. Leider sind wir heute noch gar nicht richtig weitergekommen, sondern verstecken unser Überlegenheitsdenken und unseren Hang, andere rücksichtslos auszunutzen, nur etwas besser: Wie viele rücksichtslose Waffenexporteure sitzen bei uns im Westen und stellen durch eine gezielte Lobbyarbeit sicher, dass sie auch weiterhin die Konflikte der Dritten Welt durch Waffenlieferungen befeuern können!

Oder wie wunderbar können wir aus unseren Gedanken ausblenden, dass wir durch unsere Billig-Kauf-Mentalität nach wie vor die Dritte Welt ausbeuten?

Der Westen bringt eben nicht nur Gutes in den Rest der Welt. Ein Gedanke, den wir vielleicht bisher nicht bedacht haben, begegnet mir in meiner Arbeit mit Flüchtlingen: Die ach so liberale Ethik des Westens, die sich vielleicht am besten mit den Begriffen *Hypersexualisierung* und *Pornographisierung* beschreiben lässt, transportieren wir via MTV & World Wide Web und mehr und mehr auch durch die sozialen Medien in die ganze Welt.

Und so begegnen uns Menschen aus arabischen Kulturen, denen beim Stichwort «Christen» zuerst leicht bekleidete und leicht zu kriegende Frauen etc. einfallen. Wir denken uns nichts dabei, wenn sich in kulturprotestantisch-freiheitlicher Manier halbnackte Sängerinnen und Sänger mit Kreuzen schmücken. Aber für den unbedarften Zuschauer aus anderen Kulturen ist das eine klare religiöse Aussage. Er kann es nicht verstehen, dass die sexuelle Moral unserer Gesellschaft die christliche Ethik konterkariert, also …

Zusammenfassend lässt sich sagen: Viele Menschen haben auch in unseren Breitengraden verstanden, dass bei uns irgendetwas schieflief im nationalistischen Denken der

Kolonialzeit, und schieben das der Prägekraft des Christentums zu.

Ein Kritiker schreibt etwa: «Je mehr die Welt in das Drama der Entkolonialisierung und der Stärkung der Dritten Welt hineingezogen wurde, desto befleckter schien das Christentum durch seine jahrhundertelange Verbindung mit den jetzt diskreditierten imperialen Projekten des europäischen Westens zu wirken.»[22]

Das heißt so viel wie, dass das Christentum grundsätzlich verdorben scheint durch die Verbindung mit der Kolonialgeschichte des Westens.

Ist dem so? Ist die Frucht verfault, weil die falschen Leute darauf rumgedrückt haben?

Sind Missionare Kolonialisten?

Nach dem Zweiten Weltkrieg sahen die meisten westlichen Menschen den Hitler-Faschismus und den Stalin-Kommunismus als atheistisches Grundübel und das Christentum als Freiheitsreligion an.

Heute, spätestens nach 9/11, hat sich das komplett gedreht.[23] Auf einmal steht Religion unter Generalverdacht. Im Zuge der Aufarbeitung des Kolonialismus haben wir schnell das Christentum als Übel des Ganzen ausgemacht. Unsere These ist: Mission hat den Kolonialismus vorbereitet.

Aber ist dem wirklich so?

Nun können wir natürlich an dieser Stelle nicht jede einzelne Missionars-Biografie aufarbeiten, denn das müssten wir eigentlich, um die Stichhaltigkeit der These tatsächlich zu prüfen. Aber ich möchte mal versuchen, eine Grundlagendebatte anzureißen:

Bei meinem – zugegeben vergleichsweise beschränkten – Studium des Kolonialismus habe ich den Eindruck gewonnen, dass der Kolonialismus dem Gegenüber keine Freiheit gibt: Dort wird dem anderen die eigene Kultur aufgezwungen. Oder die gegnerische Kultur wird ausgebeutet zum Nutzen der eigenen Kultur.

Mission, wie sie uns das Grundlagenpapier der Christenheit, die Bibel, darstellt, ist demgegenüber der rechte Gebrauch der individuellen Freiheit: Wahrheit – als erkannte Wahrheit – wird dem Gegenüber angeboten, und jeder kann sie ablehnen oder annehmen.

Wir können das gut in der Bibel erkennen im Evangelium des Jesus-Schülers Johannes, der es sich zum Ziel gesetzt hat, seine Jesus-Biografie ganz im Licht der Mission Gottes[24] zu schildern:

«Er war in der Welt, aber die Welt, die durch ihn geschaffen war, erkannte ihn nicht. Er kam zu seinem Volk, aber sein Volk wollte nichts von ihm wissen. All denen jedoch, die ihn aufnahmen und an seinen Namen glaubten, gab er das Recht, Gottes Kinder zu werden.»[25]

Das beschreibt die ganz große individuelle Freiheit des Einzelnen, Jesus als Schöpfer der Welt und damit als Gott anzunehmen – oder abzulehnen. Diese Freiheit hat Jesus selbst auch vorgelebt. Er ist eben *nicht* den Weg des Aufzwingens gegangen, sondern hat sich angeboten und hat es erduldet, wenn man ihn ablehnte.

Wir können demzufolge festhalten, dass dort, wo Missionare ihre Kultur den anderen aufzwingen wollten, sie nicht in Übereinstimmung mit der Bibel gehandelt haben. Zum Glück scheint das nicht flächendeckend passiert zu sein. Im Gegenteil weiß ich von vielen Fällen, in denen Missionare sehr sauber gearbeitet haben. Nicht wenige agierten sogar in öffentlicher Opposition zu den Kolonialregierungen.

Es ist von daher nicht verwunderlich, dass manche Kolonialregierungen Angst hatten vor den Missionaren, weil sie wussten, dass dort, wo Missionare auftauchten, auch die individuellen Freiheitsrechte des Einzelnen gestärkt werden.

Ein bekanntes Beispiel ist der britische Missionar William Carey (1761–1834) in Indien. Die britische Regierung selbst hatte ein großes Interesse daran, ihn in Indien nicht arbeiten zu lassen, und hat ihm Steine in den Weg gelegt. Doch William Carey wusste sich einem höheren Auftrag verpflichtet und hat gegen den Willen der Kolonialregierung angefangen, unter den Einheimischen zu arbeiten: Er hat ihre Haupt- und viele Nebensprachen erlernt, hat Schulen aufgebaut, mündliche Überlieferungen verschriftlicht, gelehrt und so die Menschen vor Ort dazu befähigt, Freiheit zu ergreifen und Freiheit zu entdecken.

Christliche Missionare kämpften gegen korrupte Hindus und kolonialistische Briten und errichteten zahlreiche Schulen und Universitäten, die noch heute in Indien bestehen.[26]

Ebenso William Wilberforce und Charles Grant, zwei evangelikale Parlamentarier. Sie rangen von 1793 bis 1813 darum, dass die britische Krone jährlich 100.000 indische Rupien ihres Gewinns für die Bildung der Inder zur Verfügung stellte.[27]

Herzens-Christen waren ja von jeher für Bildung und Fortschritt. Viele große Universitäten der Welt wurden extra gegründet, um die Menschen biblische Inhalte und Werte zu lehren: Oxford, Paris, Cambridge, Princeton, Harvard. Sie alle haben dezidiert christliche Ursprünge.

Es mögen Fehler gemacht worden sein, einverstanden. Übereifrige Missionare mögen Evangelium und Kultur vermischt haben; aber sie taten das nicht in Übereinstimmung mit dem Grundlagendokument für Mission, der Bibel, sondern gerade im Widerspruch zu diesem! So viel steht fest.

Und: Diese Fehler sollten den Segen nicht überdecken, den die christliche Mission weltweit für Millionen, ja Milliarden von Individuen gebracht hat. Von einem afrikanischen Bischof las ich, dass er – angesprochen auf die «Fehler» in der Mission – entrüstet aufstand und sagte: «Bin ich etwa ein Fehler? Sollte ich nicht Christ sein? Die Väter der Mission mögen wohl Fehler gemacht haben, aber wir halten uns daran nicht auf, denn sie haben uns das Evangelium als eine von Angst befreiende Kraft gebracht.»[28]

Das will ich mir gerne von einem sagen lassen, der unmittelbar betroffen ist! Und das bringt uns auch direkt zum Kerngedanken christlicher Mission: dem Zusammenhang von Freiheit und Wahrheit.

Freiheit und Wahrheit

Das Freiheitsverständnis ist global wohl sehr unterschiedlich: Bei uns in Deutschland wacht unsere Regierung über die Freiheit. In Amerika wird stärker Wert gelegt auf individuelle Freiheitsrechte, der Einzelne achtet auf seine eigene Freiheit. Im arabischen Islam entscheiden die Scheichs oder Klanführer über Freiheit. Immer aber ist Freiheit an etwas oder jemanden gebunden, sie schwebt sozusagen nicht im luftleeren Raum. Jesus sagte einmal: «Die Wahrheit wird euch frei machen.»[29]

Ich bin überzeugt, dass unser ganzes westliches Freiheitsverständnis einmal von diesem Satz geprägt war. Und dass das gut war so. Deswegen glaube ich, dass in unserem relativistischen Verständnis von Wahrheit heute auch keine echte Freiheit mehr zu finden ist. Keiner darf dem andern vorschreiben oder erklären, was richtig ist?!

Da ist es nur folgerichtig, dass die extremen Linken schreien: «Empört euch!» Anarchie, die Abschaffung jeder Ordnung und der Umstand, dass alle Werte der Beliebigkeit preisgegeben sind, werden in diesem Denkschema absolut hingenommen und gefördert, denn jeder soll machen, was er will. Dagegen sagt uns die Bibel: Finde die Wahrheit, sie zeigt dir Freiheit!

Es ist doch interessant, dass die Menschenrechte sich nicht im reinkarnativ-religiösen[30] Ostasien oder in animistisch-muslimischen Ländern gebildet haben, sondern im christlich-abendländischen Westen, weil der Westen durch seine christliche Prägung die Basis dafür geschaffen hat.

Die christliche Weltanschauung ist durchdrungen von dem Gedanken der individuellen Freiheitsrechte, in Abhängigkeit von der Wahrheit, die Gott ist.

Als die Humanisten der Renaissance anfingen, über Menschenwürde nachzudenken, leiteten sie sie direkt aus der Bibel ab: «Beginnend mit Petrarca, wichen sie kaum von der Sichtweise ab, dass man das Menschenbild schwerlich vom Gottesbild trennen könne.»[31]

Diese ersten Humanisten «konnten und wollten ihr hohes Menschenbild nicht von der griechischen und römischen Sichtweise ableiten. Vielmehr wurde der biblische Gedanke, dass der Mensch zu einem bestimmten Zweck geschaffen wurde und wieder dazu erlöst werden sollte, zur allgemein anerkannten Sicht des Westens.»[32]

Ich bin überzeugt davon, dass alles, was unser Leben

bestimmt, relativ ist: Kultur, Philosophie, Kunst etc. Aber eines wechselt nie, wenn es sie denn gibt: nämlich die Wahrheit. Kultur ist immer nur ein Werkzeug. Kultur können wir deswegen aufzwingen, Wahrheit aber können wir nur anbieten. Und am Ende setzt sich Wahrheit durch, nicht Kultur.

Wahrheit hat keine Beziehung zu Kultur, sondern zu Personen. An und für sich ist Kultur weder schlecht noch gut, sondern lediglich eine Strategie zur Daseinsbewältigung. Da sich die Welt in einem dynamischen und nicht in einem statischen Prozess befindet, sich sozusagen Gegebenheiten wie Umwelt, Populationsgrößen etc. ständig ändern, ist auch Kultur immer im Fluss und niemals gleich.

Wenn nun Freiheit und Menschenrechte kulturelle Designs und keine Wahrheiten wären, dann wären sie notwendigerweise auch relativ. Aber: Wahrheit geht über kulturelle Grenzen hinweg. Sie ist absolut. Und nur so haben wir das Recht, Menschenrechte auch von anderen Kulturen einzufordern. Das ist nicht schön, und man macht sich damit in unserer relativistischen Denke keine Freunde, es ist aber alternativlos. Dies sollte unsere christliche Kirche nach wie vor verkündigen und vorleben.

Stattdessen stelle ich fest, dass meine eigene evangelische Kirche sich gerne in vorauseilendem Gehorsam dem herrschenden Zeitgeist unterwirft und damit die von uns entdeckte Wahrheit immer mehr der Beliebigkeit von Kultur weichen muss.

Wie schon der Ethiker und Theologe H. Richard Niebuhr (1894–1962) in seinem kurzen Essay «The Independence of the Church» bemerkte: «Die Kirche wird schwach und auch korrupt, sobald sie in einer Kultur erfolgreich wird.»[33]

Heute muss uns ein indischer Philosoph und Entwicklungshelfer ins Stammbuch schreiben, dass wir die Bibel als sprachbildende und kulturprägende Offenbarung Gottes nicht mehr ernst nehmen und damit unser eigenes Fundament zerstören: «... heute, da der Westen seine eigene Seele ablehnt, hat er keine andere Option, als die Individualität und Würde des Menschen für Illusion zu halten ...»[34]

Schönheit und Ordnung, oder: der Auftrag Gottes, die Erde zu durchdringen

Zurück zum Stolperstein Kolonialismus. War das Evangelium nun kulturbewahrend oder kulturzerstörend? Ich denke: beides!

Wie schon einer der größten Denker der deutschen Geschichte, der Reformator Martin Luther, in seiner berühmten Zwei-Reiche-Lehre darlegte, sind das Reich dieser Welt und das Reich Gottes getrennt voneinander zu betrachten und funktionieren nach unterschiedlichen Spielregeln.

Und dennoch beeinflussen sich beide Reiche gegenseitig: Sowohl Evangelium als auch Glaube haben immer auch eine kulturelle Färbung in ihrer konkreten Ausprägung vor Ort.

Und doch ist der christliche Glaube auf einzigartige Weise fähig, sich jeder Kultur dieser Welt anzupassen – im Gegensatz beispielsweise zum Islam, der seine eigene arabisch-animistische Kultur in die Zielkultur hineinbringt und die Zielkultur überlagert.

Das könnte zum Beispiel ein Grund dafür sein, dass sich heutzutage so viele Menschen im Iran vom Islam abwenden und dem Christentum zuwenden, weil offenbar der

Islam nicht Teil ihrer kulturellen Identität, auf die sie sehr stolz sind, geworden ist. Wie mir ein iranischer Besucher unserer Kirchengemeinde mal sagte: «Zuerst sind wir Perser, und als Zweites sind wir dann Moslems.»

Dagegen durchdringt der christliche Glaube eine Kultur, indem er auch neue Werte implementiert. Der US-amerikanische Soziologe Peter L. Berger drückte das so aus: «Der evangelikale Protestantismus bewirkt in seinen neuen Territorien eine Kulturrevolution. ... Er bewirkt radikale Veränderungen in den Beziehungen zwischen Männern und Frauen, in der Erziehung und Bildung der Kinder und im Umgang mit traditionellen Hierarchien. [...] So ist [...] der biblische Glaube der Träger einer pluralistischen und modernisierenden Kultur, die ihren Ursprung in den nordatlantischen Gesellschaften hat.»[35]

Klingt da etwa schon wieder die kolonialistische Saite an?

Ist das nun für uns abzulehnen oder nicht? Ich will es einmal mit einem Bild ausdrücken: Die Bibel sieht unsere Welt als Kunstwerk Gottes. Sie ist kein Prozess von irgendwelchen zerstörerischen Machtkämpfen im Kosmos, wie es die meisten Religionen der Antike gesehen haben, sie ist aber auch kein naturalistischer Zufall, wie es neuere Ideologien beschreiben.

Nein, die Bibel versteht die Schöpfung als das Werk des einen Gottes, der die Welt wie ein Bild malt oder wie eine Skulptur erschafft. Gott ist ein meisterhafter Kunsthandwerker.

Manchmal benutzt die Bibel auch architektonische Bilder, um die Schöpfung zu beschreiben.[36] Gott erschafft wie ein Baumeister aus einem Haufen Baumaterial ein systematisch zusammengefügtes und schönes Haus.

Ergo: Gott ordnet, und wir werden vom Anfang der Bibel an aufgefordert, diese Ordnung Gottes mitzugestalten. Das nennen die Theologen den Schöpfungs- und Kulturauftrag des Menschen.[37]

Nichts zu tun ist gar nicht möglich. Wir verändern das Angesicht dieser Welt immer: durch Eingriffe oder durch Unterlassung. Gott fordert uns Christen nun auf, uns aktiv einzumischen, zum Wohl seiner geliebten Schöpfung. So dass sie in aller Pracht und Schönheit erstrahlen möge.

Das Original dieser Ordnung und Schönheit als Vorbild und Zielbild unseres Handelns finden wir in Gott. Und wenn wir es entdecken, dann verändert das zuerst uns selbst.

Vom bekannten nordamerikanischen Erweckungsprediger Jonathan Edwards (1703–1758) habe ich den Gedanken mitgenommen, dass Menschen nur dann aus ihrer egoistischen Haut heraus gelangen und ihrem Umfeld mit Selbstlosigkeit dienen können, wenn sie Gott als das höchste Schöne sehen. Dann erst nämlich werde ich den Armen nicht mehr dienen, um mir innerlich auf die Schulter klopfen zu können; oder um vor den anderen gut dazustehen; oder weil es gut für mein Geschäft ist; nicht mal, weil es gut für den Stadtteil ist, in dem meine Familie aufwächst. Nein, sondern ich diene den Armen, weil dies zur Schönheit dieser Welt beiträgt, zu dem, was Gott gefällt, und weil es mir eine Freude ist, daran teilzuhaben.

Ein zweites Bild, welches uns die Bibel gerne für unsere Welt vor Augen malt, ist das Bild eines Kleides: Gott schafft wie aus einem wirren Knäuel Wolle ein kunstvoll gewebtes Kleid. Immer wieder werden in der Bibel geschaffene Dinge damit identifiziert: das Meer, die Wolken, die Lichter des Himmels, die Kräfte der Natur.[38]

Wie unzählige Fäden in einem gewebten Stoff, die millionenfach perfekt miteinander verknüpft sind und nicht nebeneinander her, sondern über- und untereinander verwoben sind, so ergibt auch unsere Welt so ein großes, schönes, perfektes Ganzes, wenn wir auf liebevolle Art und Weise perfekt mit unseren Mitmenschen verwoben sind und unser Schicksal mit ihrem teilen. Dieses Verhältnis bezeichnet die hebräische Bibel mit dem Begriff *Schalom* (Frieden und Harmonie[39]).

Es lohnt sich, dieses Konzept des Schaloms einmal genauer zu betrachten.

Der verlorene Schalom Gottes

Seit ungefähr vierzehn Jahren arbeite ich in unserem Karlsruher Stadtteil als Jugendreferent und Pastor. Ich wirke sehr gerne in den vielen sozialen Brandstellen: mit kriminellen jugendlichen Migranten oder dem Angebot eines Winterspielplatzes für gestresste junge Familien in den unwirtlichen Monaten. Ich habe zum Beispiel einen Kinderbetreuungsverein und ein Netzwerk für Flüchtlingsarbeit in unserer Stadt gegründet.

Warum? Weil mir langweilig ist? Nein, sondern weil es schlicht und ergreifend der Auftrag Gottes ist: Wo Menschen, denen es besser geht als anderen, ihr Potenzial in Mitbürger investieren, geht es einem Gemeinwesen gut. Es tritt – biblisch gesprochen – sozialer *Schalom* ein: «Suchet der Stadt Bestes, dahin ich euch habe wegführen lassen, und betet für sie zum HERRN. Denn wenn's ihr wohlgeht, so geht's auch euch wohl.»[40] Im hebräischen Original kommt in diesem Vers dreimal das Wort Schalom vor. Das heißt, besser übersetzt könnte man den Vers so ausdrücken:

«Suchet den Frieden der Stadt … denn in ihrem Frieden werdet auch ihr Frieden haben.»

Das Wort *Schalom,* das wir gerne mit *Frieden* übersetzen, ist im Grunde viel mehr. Es bedeutet eine vollständige Versöhnung, einen Zustand der vollsten Blüte in sämtlichen Bereichen: physisch, emotional, sozial und geistlich. Weil alle Beziehungen richtig perfekt und voll von Freude sind.

Das Gegenbeispiel sind Krebszellen. Das sind Zellen, die sich unkontrolliert vermehren, sich von ihrem Zellverband trennen und an anderen Stellen weiterteilen können und so gegen den Körper arbeiten. Hier wird Friede gestört.

Oder wir kennen zum Beispiel auch so einen gestörten Frieden in unserem eigenen Inneren. Wir empfinden das dann als schlechtes Gewissen: Den seelischen Schalom verliere ich, wenn ich gegen mein eigenes Gewissen handle. Wir nennen das dann je nach Prägung Schuld, Angst, Ambivalenz oder Innerlich-zerrissen-Sein.

Leider existiert in unserer Welt kein umfassender Schalom. Die Bibel erzählt, dass Gott von Anfang an perfekten Schalom geschaffen hat. Aber die Menschen im Garten Eden[41] haben den Schalom eingetauscht gegen ein Leben losgelöst von Gott. Sie merkten nicht, dass wahre Freiheit in der Bindung an den Schöpfer besteht und nicht in der Loslösung vom Initiator derselben.

Seitdem ist unsere Schöpfung ohne durchgehenden Schalom. Die Bibel nennt das den Sündenfall. Aber immer dort, wo Menschen sich und ihr eigenes Leben wieder in das Kunstwerk Gottes einweben lassen, wird in einem bestimmten Bereich der Schalom Gottes wiederhergestellt.

Für dich heißt das: Du kannst durch die Verbindung zum Schöpfer inneren persönlichen Schalom mit Gott finden und wirst von Gott selber motiviert werden, dein Leben zu investieren in andere, damit auch sie diesen Schalom bekommen. Dadurch wirst du zu einem Gesandten dieses Schaloms.

Und das ist Mission. Denn *Mission,* aus dem Lateinischen übersetzt, heißt nichts anderes als *Sendung.* Wir müssen lernen, den Missionsbegriff vom Johannes-Evangelium her zu verstehen: Gott sendet sich selbst in Gestalt seines Sohnes, mit dem Auftrag, in dieser Welt und an dieser Welt zu sterben, um neues Leben hervorzubringen.

Das Motiv, sich selbst zu opfern, um Schalom wiederherzustellen, zieht sich durch die ganze Bibel und zieht sich auch durch die christliche Missionsgeschichte. In Christus sehen wir, wie Gott sich mit den Armen und Schwachen, den Ausgestoßenen und sozial Ausgegrenzten identifiziert. Letztlich stirbt Gott jämmerlich am Kreuz, um Frieden in die Beziehung mit uns zu bringen.

Wir können uns trefflich ereifern über die Ungerechtigkeit in dieser Welt. Wir können Theorien wälzen, was sich ändern müsste, welche Gesellschaftsform oder welche politische Richtung am besten geeignet ist, um Ungerechtigkeit abzuschaffen und menschliche Würde aufzurichten. Aber das, was wir in der Theorie erwägen, verändert im realen Leben meistens gar nichts. Bei vielen von uns bleibt es bei einem unguten Gefühl, bei einem schlechten Gewissen wegen unseres guten Lebens und vielleicht bei einer kleinen Geldspende.

Die Geschichte Gottes mit unserer Welt inspiriert mich, diese Geschichte aktiv mitgestalten zu wollen. Und manche Berichte aus der Mission geben mir die Hoffnung, dass es auch gelingen kann:

1938 wurde das Volk der Dani in Westneuguinea entdeckt. Sie waren ein animistisches Volk, Kopfjäger, Kannibalen. Ständig im Krieg mit anderen; ständig in Angst vor bösen Geistern – wenig Freude, viel Mühe, die Menschen wurden sehr schnell alt. Weil sie so schnell gestorben sind, gab es keine Zeit, um sich kulturell zu entwickeln. Es gab kaum angesammeltes Wissen, das eine Generation der nächsten hätte vererben können, da sie gestorben sind wie die Fliegen.

Ich habe den Bericht eines Deutschen gelesen, der dort war und die Danis befragt hat. Er beschreibt, wie die heutigen Danis in der Rückschau ihr früheres Leben im Vergleich zum jetzigen als weniger lebenswert betrachten. Wer die Danis besucht, begegnet keinen wilden, furchteinflößenden Kopfjägern und Kannibalen mehr, sondern meist freundlichen, herzlichen Menschen.

Allerdings hat sich die westliche oder östliche Zivilisation dort kulturell noch nicht durchgesetzt. Viele laufen noch fast unbekleidet herum. Sie leben immer noch in Strohhütten und pflegen ihr Leben wie vorher. Geändert hat sich «nur», dass in den meisten Orten jetzt eine Kirche neben den Strohhütten steht. Einige der jungen Danis erlangen Bildung und besuchen höhere Schulen. Das ist vielleicht gut oder auch nicht, je nachdem, mit welcher Brille man das betrachtet.

Aber vor allem hat sich das Wertegerüst der Danis verändert: Sie verfluchen sich nicht mehr gegenseitig, haben auch keine Angst mehr vor Flüchen. Sie bekriegen ihre Feinde nicht mehr. Sie hacken sich nicht mehr für jedes Kind, das sie verlieren, einen Finger ab. Sie lassen die Toten nun nicht mehr in ihrer Hütte so lange liegen, bis sie vollständig verwest sind, was hochinfektiös war. Ein Volk im Niedergang hat eine zweite Chance bekommen. Ohne kulturelle Überfrachtung.

Ein ähnliches Beispiel sind die «Auca» (besser: Waorani oder Huaorani)[42] in Südamerika: Als in den 50er Jahren fünf junge amerikanische Missionarsfamilien diesen gefürchteten Kopfjägern das Evangelium gebracht haben, bestand der Stamm nur noch aus ein paar hundert Personen über ein riesiges Amazonasgebiet verteilt, weil sie so erfolgreiche und schreckliche Kopfjäger waren, dass sie ihren eigenen Stamm annähernd ausgerottet hatten.

Die fünf Missionare waren von dem Wunsch beseelt, diesen Menschen – die sich gegenseitig zerfleischten und in ständiger Angst vor Geistern lebten – Freiheit und Frieden durch Jesus zu bringen. Doch die fünf Missionare wurden von den Waorani getötet.

Zwei der hinterbliebenen Witwen entschlossen sich, mit ihren kleinen Kindern ins Waorani-Gebiet überzusiedeln, um den Mördern ihrer Männer Vergebung und die Liebe Gottes zu bringen. Da Frauen nicht als gefährlich angesehen wurden, wurden sie in Ruhe gelassen. Aber sie hatten eine gefährliche Waffe dabei: ein Herz voll mit der Liebe Gottes.

Durch diese Frauen wurde der gesamte Waorani-Stamm revolutioniert: Viele der Ureinwohner wurden Nachfolger von Jesus. Das hatte zur Folge, dass dieser Stamm bis heute überlebt hat. Er erreichte 2012 eine Bevölkerungszahl von 3000.

Einiges hat sich geändert. Männer tun nun mit ihren Frauen nicht mehr, was sie wollen. Väter töten ihre kleinen neugeborenen Babys nicht, wenn sie keine Lust mehr auf sie haben. Die Nachkommen der Waorani ziehen nicht mehr durch den Urwald, sondern sie betreiben auch nachhaltigen Ackerbau, unterhalten Schulen und Krankenhäuser, denn das, was sie aufbauen, wird nicht mehr unmittelbar von den eigenen Stammesgenossen kaputtgeschlagen.

Natürlich wurde ein Teil der Waorani-Kultur zerstört, das kann man bedauern. Aber es wäre der zerstörerische, schuldbehaftete Teil der eigenen Kultur gewesen, der diesen Stamm letztlich ausgelöscht hätte. Die Wahrheit Gottes hat sie freigesetzt und ihnen eine neue Lebensqualität gegeben.[43]

Kultur wird durch die Hinwendung zu Jesus zum einen erhalten – und zum andern gleichzeitig verändert.

Kultur ist an und für sich wertneutral, erst durch die sich dahinter abbildende Wahrheit kann sie gewertet werden. Jede Kultur braucht in der einen oder anderen Hinsicht Veränderung. Jede Kultur verändert sich auch ständig. Deswegen ist es natürlich sehr idealisierend, wenn gewisse säkularisierte Anti-Missions-Menschen beschwören, dass man nicht in andere Kulturen einbrechen darf, um sie mit der Zivilisation in Berührung zu bringen.

Im Zuge der Kolonialisierung hat man vielen nichtwestlichen Staaten unsere Kultur aufgezwungen. In der Gegenbewegung der Entkolonialisierung ist man auf der anderen Seite vom Pferd gefallen: Man hat die Ursprungskulturen der Menschen überhöht und verklärt. Aber die Menschen, die selbst dort aufgewachsen sind, wissen, dass sie niemals mehr zurückwollen zu den Zeiten, bevor sie Jesus kennen gelernt haben.

Den Wunsch nach Frieden und Sicherheit, Freiheit und Liebe hat Gott jedem Menschen ins Herz gelegt, und dieser Wunsch kann auch nur durch *seine* Gegenwart erfüllt werden. Und zwar unabhängig von der Kultur, in der wir leben.

Auch wenn man sich als Leser auf meinen Weg eingelassen hat und mir sogar zustimmen würde in der Ehrenrettung der christlichen Missionsarbeit – ein weiteres Hindernis auf dem Weg des Glaubens bleibt natürlich immer noch die Frage nach der Wahrheit: Welcher Glaube hat eigentlich recht? Oder haben sogar *alle* recht? Oder alle unrecht? Das ist und bleibt ein Zankapfel für viele Zeitgenossen.

Welcher Glaube ist der richtige?

Ich gebe es zu: Ich kann nicht objektiv sein bei diesem Thema. Es wäre unfair, wenn ich so tun würde, als wenn ich das könnte. Ich bin Christ, und das aus gutem Grund.

Aber: Wer kann schon objektiv sein? Keiner. Eine Binsenweisheit.

Ich bin einfach davon überzeugt, dass es auf dem Boden des Christentums am ehesten möglich ist – zumindest seit der Aufklärung –, seine Gedanken nicht nur frei zu denken, sondern auch zu äußern. In anderen Teilen der Welt ist das mitunter lebensgefährlich. Und so kommt es auch, dass vor allem in christlich geprägten Ländern das objektive Beschreiben von Religionen überhaupt erst versucht wurde.

Ich hatte in der Mittelstufe eine Lehrerin, die gerne von sich selber sagte, dass sie aus allen Religionen nur das Beste nehmen würde. Eine eklektizistische[44] Denkweise, die in unserer Zeit sehr üblich ist. Dabei wird Religion natürlich zu einem rein innerweltlichen Sahnehäubchen erklärt, das nur entfernt auf Wahrheit zurückgreift.

Wenn jedoch Wahrheit wirklich existiert, hat sie ein Eigenleben und ist zu finden, nicht zu besitzen – und schon gar nicht zu konstruieren. Sie ist eben außerhalb von mir, zumindest getrennt von mir.

Ein guter Freund von mir legt sehr starken Wert auf Rationalität: Alles muss für ihn intellektuell beweisbar sein. Für viele Bereiche des Lebens kann das funktionieren, aber an den Rändern unserer Existenz ist das nicht möglich. Und mein Freund verzweifelt immer wieder daran.

Wie vielen von uns mag es so gehen? Manche halten das Thema «Glaube» für so diffus, dass sie für sich beschlossen haben, an gar nichts zu glauben. Denn: Wer kann schon wissen, was richtig ist? Genauso gut wie an den Gott der Bibel könnte ich ja an das fliegende Spaghetti-Monster glauben. Der Agnostizismus[45] hat Hochkonjunktur. Jeder hat seine Art gefunden, wie er mit Religion umgeht.

Wir wollen ein paar solcher Möglichkeiten anschauen.

Verbieten und lächerlich machen

Vor einigen Jahren machte eine neue antireligiöse Welle von sich reden: der *neue Atheismus* mit seiner Galionsfigur Richard Dawkins, der im Grunde genommen Religion als etwas Gefährliches propagierte. Religion sei der Grund für Leid, Elend und Kriege. Und deswegen gehöre sie verboten.

Nun ist es natürlich in unserer westlichen Kultur nicht so einfach möglich, das zu tun, wenngleich immer wieder Gesetzesinitiativen Religion in den Privatbereich abdrängen möchten. Alles in allem haben wir sehr viele Freiheiten, unseren Glauben auch zu leben. Andere Staaten haben dagegen im Umgang mit Religionen die Strategie «Verbieten und lächerlich machen» ausprobiert, eher mit mäßigem Erfolg.

Schauen wir zum Beispiel nach China, dann können wir heute feststellen, dass sich Jahrzehnte nach Mao

Zedongs Krieg gegen Religion (speziell gegen die christliche Religion) und Millionen Toten[46] auf dem Altar des Atheismus heute der christliche Glaube im Reich der Mitte rasend schnell verbreitet. Schätzungen gehen von 80 bis 100 Millionen gläubigen Christen in China aus.[47] Das sind wahrscheinlich mehr, als es Besitzer des «kleinen roten Buches» von Mao gibt.

Es ist eine durchgängige Erfahrung: Je mehr Religion unterdrückt wurde, desto stärker hat sie sich letztlich durchgesetzt. Wir können das in vielen atheistisch-kommunistischen Systemen des 20. Jahrhunderts beobachten.

Momentan zum Beispiel im kommunistischen Nordkorea; dort gibt es offenbar eine große Bewegung hin zum christlichen Glauben.[48] Natürlich im Verborgenen.

«Glaube ist gefährlich, weil er Glaubenskriege hervorbringt» – diese These halte ich durch die Geschichte für widerlegt. Nichtglaube ist die viel gefährlichere Lebensform für die Menschheit.

Wie der Oxforder Professor Alister McGrath einmal so treffend über das vergangene Jahrhundert formulierte: «Im 20. Jahrhundert finden wir eines der größten und traurigsten Paradoxe in der Geschichte der Menschheit: dass die größte Intoleranz und Gewalt dieses Jahrhunderts von denen praktiziert wurde, die glaubten, dass die Religion zu Intoleranz und Gewalt führt.»[49]

Immer wieder gab und gibt es Versuche, durch Aufklärung Religion überflüssig zu machen. Als Wissenschaftsansatz hat dies möglicherweise seinen Höhepunkt im Liberalismus des 19. Jahrhunderts und in den Aufschwungjahren der BRD gehabt.

Als «Alternativreligionen» galten bald folgende Ideologien: Evolutionismus/Darwinismus, Atheismus, Materialismus. Die Hoffnung war, dass letztlich die Religion von der Wissenschaft verdrängt werden könnte.

Heute glaubt kaum noch jemand an diese Säkularisierungstheorie. Wir sind desillusioniert, weil wir erkannt haben, dass Wissenschaft eben doch nur Bruchteile des Lebens erklären kann. Der Mensch ist letztlich «hoffnungslos religiös», wie es der Philosoph und Theologe Thomas von Aquin (1225–1274) schon im Hochmittelalter festgestellt hat.

Für mich als Theologen ist interessant, dass auch der Ansatz des *Lächerlichmachens* der christlichen Botschaft überhaupt nicht schaden kann. Das ist kein bisschen neu, sondern gehört zu den natürlichen Begleiterscheinungen des christlichen Zeugnisses.

Wir finden das schon in der Bibel. Der Apostel Paulus streitet dort nämlich in Athen auch mit verschiedenen Philosophen der Griechen herum:

«Einige Philosophen aber, Epikureer und Stoiker, stritten mit ihm. Und einige von ihnen sprachen: Was will dieser Schwätzer sagen? Andere aber: Es sieht aus, als wolle er fremde Götter verkündigen. Denn er verkündigte ihnen das Evangelium von Jesus und von der Auferstehung. […] Als sie von der Auferstehung der Toten hörten, begannen die einen zu spotten …»[50]

Hier war vor allem der exklusive Ansatz des christlichen Glaubens von einer Auferstehung der Toten Stein des Anstoßes.

Zur Privatsache erklären

In aufgeklärten Gesellschaften ist es natürlich schwer, Glauben zu verbieten, außer wir versuchen's durch die Hintertür der Anti-Diskriminierungs- oder Anti-*hate-speech*-Forderungen. Deswegen verlangt mancher Glaubensleugner zumindest die Verbannung der Religion ins Private.

Interessant ist, dass diese Forderung nicht nur von Privatleuten (die vielleicht schlechte Erfahrungen mit dem Thema «Glaube» gemacht haben) oder bestimmten Wissenschaftlern (die vielleicht eine Konkurrenz zur Religion spüren) gestellt wird, sondern dass in Deutschland gerade auch politische Parteien das immer wieder mal gerne aufgreifen.

Die «Linke» oder auch die «Piratenpartei» nutzen zum Beispiel das Tanzverbot an Karfreitag, um Demonstrationen abzuhalten, die darauf hinweisen sollen, dass Religion unbedingt ins Privatleben verbannt gehört. Und sie hätten auch recht damit, wenn es bei Religion nur um eine Stilfrage ginge, ähnlich der Stilfrage morgens vor dem Kleiderschrank. Aber es geht eben um nicht weniger als *Wahrheit!*

Der Denkansatz der «Glaubensprivatisierung» ist eigentlich nicht neu. Die Loslösung der Religion von der Frage nach Wahrheit und eines daraus resultierenden Anspruches an uns wurde schon vor zweihundert Jahren in Angriff genommen. So beschreibt der Theologe und Aufklärer Friedrich Schleiermacher (1768–1834) bekanntermaßen Religion als «Gefühl der schlechthinnigen Abhängigkeit». Damit meinte er, dass Glaube ein persönlich erfahrenes Abhängigkeitsgefühl von Gott ist und nicht ein objektiver Lehrsatz.

Nicht erst, aber besonders seit dieser Zeit liefern sich verschiedene Konfliktparteien andauernde Kämpfe um die Richtigkeit ihrer eigenen Position, Ideologie oder Religion. Und das hat uns alle einfach ermüdet. Ehrlich: Jeder,

der sich ernstlich mit den Argumenten aller Seiten auseinandersetzt, wird bald merken, dass es gar nicht so einfach ist, eine Entscheidung zu treffen, wer recht hat. Da ist es doch vielleicht wirklich am besten, jeder glaubt, was er will, oder?

Und so kommt es, dass heute im Wechsel von Moderne zu Postmoderne die sogenannten «neuen Atheisten» gar nicht den erhofften Widerhall gefunden haben, weil die Zeit der großen Ideologiekämpfe vorbei ist. Nur noch bestimmte Spezialisten diskutieren in ihrem Elfenbeinturm über solcherlei Dinge.

Konsens ist doch, gesellschaftlich gesehen: Jeder kann glauben, was er will. Hauptsache: tolerant. Das Problem ist nur, dass fast alle Religionen den Anspruch haben, die alleinseligmachende zu sein – inklusive dem Christentum!

Bewusst oder unbewusst denken viele, jede Religion erkenne einen Teil des Ganzen. Beliebt ist dabei die Geschichte vom Elefanten, der von Blinden ertastet wird: Je nachdem, was ein Blinder gerade ertastet, ob es die Füße sind oder der Rüssel oder der Bauch, beschreibt er den Elefanten auf eine ganz andere Weise.[51] Und die Moral der Geschichte ist, dass eben jede Religion nur einen *Teil* der Wahrheit beschreibt und alle zusammen erst den *ganzen* Elefanten ausmachen.

So augenscheinlich passend dieses Beispiel auch erscheint, so hat es doch einen gewaltigen Haken: Der Erzähler der Story nimmt für sich in Anspruch, selbst sehend zu sein: Er allein kennt das ganze Bild, alle anderen sind die Blinden, die nur glauben, dass sie die Wahrheit beschreiben, obwohl ihr Ausschnitt allerhöchstens einen Teil davon darstellt.

Im Grunde genommen verhält sich der Erzähler kein

bisschen anders als die Blinden. Der Bestsellerautor Timothy Keller schreibt dazu treffend:

«Ich glaube, der Grunddenkfehler in dieser Art, sich mit der Religion allgemein und dem Christentum im Besonderen auseinanderzusetzen, ist offensichtlich: Der Skeptiker glaubt, dass *jede* Behauptung, im Bereich der spirituellen Realität die Wahrheit zu kennen, falsch sein muss. Aber diese Behauptung ist ja selber eine religiöse Glaubensaussage. Sie geht von dem Dogma aus, dass man Gott nicht erkennen kann oder dass Gott nur die Liebe ist, aber niemals zornig, oder dass er eine das Universum durchdringende ‹Kraft› ist und nicht eine Person, die in heiligen Schriften zu uns spricht – lauter unbeweisbare Glaubensaussagen. Und dazu glauben die Vertreter dieser These auch noch, dass ihr Weltbild das bessere sei.»[52]

Alles in allem glaube ich, dass der Ansatz der Privatisierungstheorien ein überaus dogmatischer und hochmütiger Weg ist, sich der Auseinandersetzung mit dem Wahrheitsanspruch von Religion zu entziehen. Deswegen möchte ich meine Leser ermutigen: Begib dich aufs «Schlachtfeld» und kämpfe den guten Kampf des Glaubens in der Auseinandersetzung der miteinander konkurrierenden Wahrheitsansprüche. Was kannst du schon verlieren?!

Sich der Auseinandersetzung stellen

Ich glaube, dass derjenige ehrlich und mutig ist, der den Kampf aufnimmt. Wahrheit muss für sich erkämpft werden. Sich nicht zu entscheiden, ist auch eine Entscheidung, letztlich ebenso eine Aussage mit Wahrheitsanspruch.

Woran wir im säkularisierten Westen kranken, ist, dass wir eben *ein bisschen christlich* sind, und damit meinen wir vor allem eine verkürzte Ethik à la «Friede, Freude, Eierkuchen». Nichts, was wehtut; nichts, was tiefer geht; schon gar keinen exklusiven Wahrheitsanspruch. Ist das echtes Christsein?

Wenn ich das Grundlagendokument unseres Glaubens lese, dann wird mir recht schnell deutlich, dass ich als Nachfolger Jesu nicht an ihn glauben kann, ohne alle anderen Wahrheitsansprüche auszuschließen.

Jesus sagt von sich selbst: «Ich bin der Weg und die Wahrheit und das Leben; niemand kommt zum Vater denn durch mich.»[53]

Mit den Worten von Oxford-/Cambridge-Literatur-Professor C.S. Lewis (1898–1963) ausgedrückt, stellt uns Jesus damit vor eine Entscheidung: «Wir stehen also vor einer erschreckenden Alternative. Entweder war (und ist) dieser Mann, von dem wir reden, genau das, was er zu sein behauptete, oder aber er war ein Spinner oder noch Schlimmeres.»[54] Und es ist nur richtig und mutig, wenn wir uns dieser Entscheidung stellen.

Wir beginnen bei unserer Grundvorstellung von diesem Gott und sammeln Belege für oder gegen unsere Vorstellung. Alles, was sich in unsere Denke über Gott einordnen lässt, vertieft unsere Haltung. Was sich dort nicht einordnen lässt, tun wir mal beiseite und sammeln es. Wie Steinchen am Rande eines herkömmlich bearbeiteten Ackers.

Wenn der Steinhaufen zu groß wird, es also genug Dinge gibt, die gegen unsere bisherige Vorstellung von Gott sprechen, dann sollten wir auch bereit sein, uns selbst zu revidieren.

Das ist in sehr verkürzten Worten die Dynamik, die einen Paradigmenwechsel ausmacht. Wenn genug Dinge gegen ein bis dato vorherrschendes Paradigma (eine grundsätzliche Denkweise, Lehrmeinung, Glaubensauffassung) sprechen, dann sollten wir auch bereit sein, einen Paradigmenwechsel vorzunehmen.[55]

Ähnliche Gedanken schrieben die Autoren des Neuen Testaments nieder. Sie sprechen dabei von *metanoia* = Umdenken, Sinnesänderung = Paradigmenwechsel (meist übersetzt mit *Buße* oder *Umkehr*).

Der gravierendste Paradigmenwechsel geschieht sicherlich dann, wenn wir erstmals den Glauben an einen persönlichen Gott für uns nicht nur als *möglich,* sondern als *wirklich* entdecken. So habe zumindest ich es für mich erfahren.

Ich möchte dir im Folgenden einmal ein paar Denkhinweise geben, die dein bisheriges Denkschema anregen oder herausfordern können:

Was für den Glauben an Jesus als einzige Wahrheit sprechen könnte

Objektive Faktoren. Gibt es natürlich nicht. Das wissen wir. Die zweischneidige Errungenschaft der Postmoderne ist ja, dass wir heute wissen: Alles ist subjektiv. Kein Forscher oder Wissenschaftler kann sich bei seinen Untersuchungen von subjektiven Annahmen und Voraussetzungen lösen.

Deswegen spreche ich lieber nicht von Beweisen, sondern von **Hinweisen** oder **Indizien.** Diese finde ich vor allem im Grundlagendokument der Christenheit, der Bibel. Zum Beispiel haben wir dort viele Voraussagen auf zukünftige Ereignisse, die sich teilweise oder ganz schon so zugetragen haben.

Werner Gitt (*1937), der ehemalige Direktor des Fachbereichs Informationstechnologie innerhalb der Physikalisch-Technischen Bundesanstalt in Braunschweig, hat einmal in echter Informatiker-Manier versucht, das quantitativ zu analysieren. Dabei kam er in der Bibel auf 6408 Verse mit prophetischen Angaben, von denen sich 3268 erfüllt haben, während die restlichen Prophezeiungen noch zukünftige Ereignisse betreffen.[56]

Nun kann man sicher im Einzelfall die einzelnen Belege hinterfragen. Und nicht jede dieser analysierten Textstellen ist für mich nachvollziehbar, jedoch ist Gitts Arbeit in ihrer Ganzheit ein Hinweis auf eine metaphysische Autorschaft der Bibel, da eine solch hohe Trefferquote ansonsten äußerst unwahrscheinlich wäre.

Überhaupt ist die gesamte Überlieferungsgeschichte der Bibel ein einziges Wunderwerk: die Genauigkeit der Textüberlieferung, wie wir sie zum Beispiel durch die Qumran-Funde überprüfen konnten, ist einzigartig in der gesamten Literaturgeschichte der Welt. Der ursprüngliche Wortlaut der Bibel ist historisch besser belegt als die reine Existenz von Julius Caesar.[57]

Ein weiteres Indiz ist für mich die **Perfektion der Schöpfung** geworden. Der unvoreingenommene Beobachter spürt, dass hier mehr am Werk sein muss als nur der Zufall. Und wenn wir in die Einzelteile der Schöpfung gehen, so finden wir zum Beispiel das Auge als ein «nicht reduzierbares komplexes Organ»[58]. Es ist schon sehr schwer, diese Komplexität ohne Eingreifen einer göttlichen Macht zu erklären.

Für die Autoren des Neuen Testaments waren das jedenfalls hinreichende Gründe, um jeden Menschen in die Verantwortung zu nehmen: «Denn sein [Gottes] unsichtbares Wesen – das ist seine ewige Kraft und Gottheit –

wird seit der Schöpfung der Welt, wenn man es wahrnimmt, ersehen an seinen Werken, sodass sie keine Entschuldigung haben.»[59] Zumindest eine wie auch immer geartete übernatürliche *Komponente* der Schöpfung müsste für uns erkennbar sein, so Paulus hier.

Ein sehr starkes Indiz für die Wahrheit des christlichen Glaubens sind für mich die **Folgen für den Einzelnen und die Welt.** Über die grausigen Auswirkungen des Atheismus habe ich ja weiter oben schon gesprochen. Aber auch die Konkurrenzreligionen zum Christentum können mich nicht überzeugen.

Ein Bekannter aus Thailand erzählte mal, wie dort Frauen teilweise bei der Geburt geschlagen werden, wenn sie Schmerzen zeigen, da der Buddhismus eine deutliche Minderwertigkeit der Frau gegenüber dem Mann lehrt, für den sie allenfalls Erfüllungsgehilfin auf dem Weg der Erleuchtung ist (so etwa im Kamasutra).

Solcherlei Dinge nehmen wir hier im Westen oft nicht wahr aufgrund unserer weichgespülten Hollywood-Version des Buddhismus, die ja kaum noch etwas mit dem echten Buddhismus zu tun hat.

Fälle von Gewalttaten im Hinduismus sind ja durch Zeitungsberichte hinlänglich bekannt: Vergewaltigungen, Diskriminierungen aufgrund der Zugehörigkeit zu einer minderwertigen Kaste, verstümmelte Kinder zum besseren Betteln, Witwenverbrennungen. Der Wert des Menschen ist im Hinduismus ein anderer als im Christentum.

Am eindrücklichsten ist sicherlich die Herausforderung des radikal-salafistischen Islams: Unterdrückung/ Unterwerfung des Einzelnen unter ein mitunter tödliches System.

Sicher, das Christentum hat auch dunkle Kapitel, das will ich gar nicht kleinreden, aber wahre Nachfolger Jesu haben die Welt zum Guten verändert.

Der amerikanische Soziologe Alvin J. Schmidt beschreibt in einem seiner Bücher[60] die Folgen des christlichen Glaubens für unsere Welt. Die Vorstellung von Menschenrechten, unsere Moralvorstellungen, das Ehe- und Frauenverständnis, die Gründung von Krankenhäusern, Kindergärten und Waisenhäusern, auch die Einführung der allgemeinen Schulpflicht für Jungen und Mädchen, die Bildung durch Universitäten sowie die Abschaffung der Sklaverei – das alles sind nur einige der Errungenschaften der Nachfolger Jesu in dieser Welt.

Neben den objektiven Faktoren gibt es auch **subjektive Faktoren,** die für Jesus als wahren Gott sprechen. Bekehrungen wie zum Beispiel die des Paulus vor Damaskus (in der Bibel in Apostelgeschichte 9 beschrieben) erleben Menschen auch heute immer wieder. So habe auch ich selber den Eingriff Gottes in mein Leben und Denken erlebt, was einen vollständigen Paradigmenwechsel meines Inneren zur Folge hatte.

Aber nicht immer muss das so aufregend sein. Bei vielen vollzieht sich eine Wandlung auch allmählich. Was mich selbst immer wieder beeindruckt, ist die Erfahrbarkeit des Handelns Gottes im Alltag. Christen nennen solche Erlebnisse mit Gott *Wunder.*

Ich möchte an dieser Stelle einmal von drei solchen Erlebnissen berichten, möchte aber ausdrücklich darauf hinweisen, dass dies subjektive Faktoren sind, die keinen Anspruch auf Objektivität haben.

Da treffe ich während meiner Arbeit in unserem Jugendhaus einen Jugendlichen, der sein Leben Jesus anvertrauen möchte, also von jetzt an nicht mehr ohne Gott, sondern mit ihm und seinem Sohn Jesus Christus leben möchte. Als ich ihn frage, wie er darauf kommt, erzählt er mir folgende Geschichte:

Als Kind ist er im Schwimmbad, springt ins Wasser und ertrinkt. Er spürt, wie er ertrinkt und stirbt. Im nächsten Moment wacht er auf und liegt am Beckenrand. Weit und breit kein Mensch zu sehen. Niemand in der Nähe, der vom Vorgang überhaupt nur Notiz genommen hat. Dieses Erlebnis bringt ihn letztlich dazu, mit der Realität Gottes wirklich zu rechnen. Heute ist er ein überzeugter Nachfolger Jesu.

Meine große Schwester ist als Fünfjährige absolut panisch, wenn es darum geht, in abgeschlossenen Räumen zu sein. Während des Mittagsschlafes wacht sie auf, geht an die Tür und rüttelt daran, kann sie aber nicht öffnen. Sie klemmt, aber das weiß sie nicht; sie denkt vielmehr, dass sie verschlossen ist, und steigt in ihrer Panik aufs Fensterbrett; hüpft aus dem zweiten Stockwerk in die Tiefe. Unten befindet sich eine Betontreppe, die zum Keller führt.

Unsere Mutter, die vom Mittagsschlaf erwacht, das Rütteln hört und Böses ahnend ins Kinderzimmer eilt, sieht nur noch das geöffnete Fenster. Sie rennt die Treppen nach unten zur Haustür, um rasend schnell ums Haus herum nach hinten zur Rettung ihrer abgestürzten Tochter zu eilen.

Als sie die Tür öffnet, steht das kleine Mädchen schon mit einigen wenigen Schrammen vor ihr. Ein unerklärliches Wunder, wie beide betonen.

Meine Frau und ich haben in sehr zartem Alter geheiratet und auch noch sehr früh Kinder bekommen. Nicht gerade deutscher Mainstream, ich weiß. Während des Studiums gab es einige Phasen, in denen wir nicht recht wussten, wie wir die Miete bezahlen oder überhaupt etwas zu essen kaufen sollten. In solchen Phasen haben wir immer wieder finanzielle Wunder erlebt, wenn Gott (so unsere Deutung) uns ohne unser Zutun finanzielle Quellen erschlossen hat.

Exemplarisch darf hier das gelten: Wir waren wieder mal in einer prekären finanziellen Lage, als ein Brief von meiner Großmutter kommt. Dem Brief liegen 50 DM bei (ja-ja … lang her) und die Erklärung, dass sie sich eigentlich neue Schuhe kaufen wollte, aber Gott ihr deutlich gezeigt hätte, dass *wir* dieses Geld bräuchten. Und das, obwohl ich zu unserer Schande bekennen muss, dass unser letzter Kontakt schon Monate zurücklag. Sie konnte nicht wissen, wie es uns geht. Für uns ein notwendiges (die Not wendendes) Eingreifen Gottes in unser Leben.

Indizien hin oder her: Ich denke, im Letzten bleibt Glaube ein Mysterium. Ich kann versuchen, aus meiner Sicht Erklärungen zu finden; warum ich so glaube, wie ich's tue. Aber letztlich hat Gott mit jedem Menschen seine eigene Geschichte.

Ich kann mir gut vorstellen, dass in allen Religionen Erkenntnis des einen Gottes da ist. In manchen Religionen mehr, in manchen weniger. Aber ich bin davon überzeugt, dass nur in Jesus, wie er sich uns in der Bibel zeigt, Gott selber auf diese Welt kommt und uns einen vollen Blick auf sich ermöglicht.

Jesus beschreibt das einmal mit den Worten: «Wer mich sieht, der sieht den, der mich gesandt hat. […] Wer mich sieht, der sieht den Vater.»[61]

Gott gibt uns damit eine Chance, mit ihm eine Beziehung einzugehen. Glaube, wie ihn die Bibel beschreibt, ist kein toter Glaube.

Ich lade dich ein, den Kampf um die Wahrheit aufzunehmen. Lass uns in aller Liebe und mit Respekt darum ringen. Und vielleicht geht es dir wie mir, dass du in Jesus Gott als deinen Vater erkennst. In jedem Fall aber wird die Auseinandersetzung mit der Wahrheit dein Leben so oder so bereichern. Davon bin ich überzeugt.

Es ist Zeit zum Nachdenken und eine erste Bewertung vorzunehmen: eine Bewertung der Vergangenheit des Christentums und der Frage nach Wahrheit. Ganz schön große Brocken, über die wir stolpern können, oder ...?

Wie geht's dir im Moment? Ärgerst du dich nur noch beim Lesen? Würdest du am liebsten das Buch in die Ecke werfen? Womöglich alles viel zu platt, viel zu undifferenziert, viel zu oberflächlich? ...

Sicher habe ich dich gerade mit meinen letzten Erlebnissen, die ich einfach so als Wunder bezeichnet habe, herausgefordert. Vielleicht auch heftig provoziert. Da sollten wir noch einmal tiefer bohren, denn auch Wunder sind für manchen ein großes Hindernis auf dem Glaubensweg. Wäre schön, wenn du noch etwas dranbleiben würdest.

Sind Wunder reine Fantasie?

«Glaube kann Berge versetzen», sagt die Bibel und ist mit diesem Sprichwort in den Volksmund eingegangen. Der Glaube an Wunder setzt in unserem Leben unheimlich viele Kräfte frei.

Der amerikanische Traum «Vom Tellerwäscher zum Millionär» fußt darauf. Die Entdeckung als Nachwuchsstar ist der Wunder-Traum von Teenagern und Kindern. Für viele unheilbar Kranke wird die Hoffnung auf ein Wunder zum letzten Strohhalm aus ihrer ausweglosen Situation. Gegen alle Widerstände und gegen jedes fatalistische Denken – es sei alles im Voraus festgelegt und es gäbe keinen freien Willen – hält die Hoffnung auf ein Wunder unseren Kopf eben doch über Wasser. Und manchmal merken wir dabei, dass es trägt.

Aber mal ehrlich: Viele dieser Wunder sind subjektiver Natur. Manche mögen auch übernatürlicher Natur sein. Aber die meisten machen den Anschein, eher Einbildung, positives Denken, mentale Stärke oder auch nur Zufälle zu sein.

«Das Wunder ist des Glaubens liebstes Kind», schrieb Goethe. Haben Wunder mit Glauben zu tun? Sind sie ein reines Fantasieprodukt und haben keinerlei Aussagekraft über die Wirklichkeit?

Um was geht's eigentlich? Oder: Was sind Wunder?

Der berühmteste Einwand gegen Wunder kommt von dem schottischen Philosophen der Aufklärung David Hume (1711–1776): Wunder verletzen die Prinzipien der Wissenschaft.

«Ein Wunder ist eine Verletzung der Naturgesetze. Da nun eine feste und unveränderliche Erscheinung diesen Gesetzen zu Grunde liegt, so ist der Beweis gegen das Wunder aus der bloßen Natur der Tatsache so stark, wie irgendein der Erfahrung entnommener Beweis nur gedacht werden kann.»[62]

Ohne einen Beweis geht Hume davon aus, dass sowohl die Abläufe der Natur als auch die menschliche Erfahrung völlig gleichförmig verlaufen und immer wieder zeigen, dass Wunder nicht stattfinden.

Vorsicht, Denkfehler! Nur weil wir manche Dinge noch nicht erfahren haben, sind sie nicht von vornherein auszuschließen. Auf dieser Ebene liegt zum Beispiel das Auferstehungswunder der Bibel: Nur weil wir es noch nicht erlebt haben, ist doch noch lange nicht an und für sich auszuschließen, dass es möglich ist.

So war ja auch der Gedanke an eine Mondlandung im Mittelalter beispielsweise unmöglich (auch heute noch bezweifeln manche diese). Sie sprach gegen jede Erfahrung und gegen die bekannten Naturgesetze und wurde in den 5000 Jahren davor noch nie beobachtet. Aber wie selbstverständlich halten wir sie seit den 60ern des letzten Jahrhunderts für möglich. Weil wir da erstmals die Erfahrung gemacht haben: Es geht!

Hume hat durch seine Gedanken viele Atheisten beeinflusst, die seither diese beiden Optionen verkünden: Entweder wir glauben an Wunder, oder wir glauben an ein wissenschaftliches Verständnis von Naturgesetzen. Und selbstverständlich: Intelligente Menschen tun Letzteres. So zum Beispiel der britische Zoologe und Evolutionsbiologe Richard Dawkins (*1941):

«Im 19. Jahrhundert war es für einen gebildeten Menschen zum letzten Mal möglich, an Wunder wie die Jungfrauengeburt zu glauben, ohne dass es peinlich gewesen wäre.»[63]

Hume und seine Jünger betrachten deshalb den Glauben an Wunder als ein Konstrukt für unwissende Völker.

Aber nur, wenn ich Kenntnisse von Naturgesetzen und klaren Regeln in der Natur habe, kann ich auch eine Ausnahme dazu formulieren. So ungebildet können Wundergläubige also gar nicht sein, sonst würden sie nicht merken, dass hier etwas nicht im Rahmen des Regelmäßigen läuft.

Beispiel aus der Bibel gefällig? Eine der biblischen Biografien über Jesus schrieb der Arzt und Historiker Lukas. Er beschreibt in seinem Prolog, dass er alles ganz genau erforscht hat und bestrebt war, es so aufzuschreiben, wie es stattgefunden hat. Und er beginnt seine Geschichte mit einem Wunder:

Der Wegbereiter für Jesus, Johannes der Täufer, wird auf wundersame Weise einem Ehepaar geboren, das eigentlich schon seine «Wechseljahre» hinter sich hatte. Als dem Mann von einem Engel dieses Wunder angekündigt wird, ist er zuerst nicht bereit, das zu glauben. Er weiß: Das geht doch gar nicht! Und dennoch geschieht es, und so zieht sich dieses Motiv durch die ganze Biografie Jesu:

Die ersten Jünger waren keine leichtgläubigen Menschen, sondern sie haben erst an Wunder geglaubt, als die Beweislage erdrückend wurde – entweder weil sie Wunder mit eigenen Augen gesehen hatten oder sie ihnen so glaubwürdig bezeugt wurden, dass die Jünger nicht mehr anders konnten, als sie anzuerkennen.

Und Lukas als (aus)gebildeter Arzt, der um natürliche medizinische Abläufe wusste, dokumentierte dies.

Die ersten Gegner von Jesus waren übrigens keine Atheisten, sondern religiöse Priester, Pharisäer und Sadduzäer. Menschen also, die kraft ihres Amtes den Glauben fördern wollten (oder besser: sollten). Die Sadduzäer konnten sich nicht vorstellen, dass ein toter Mensch wieder aufersteht.

Für sie war tot tot. Basta. Aber auch sie mussten die Beweislage anerkennen.

Der ehemalige Oxford-Professor für Mathematik, John Lennox (*1943), schreibt dazu: «Die antike Welt kannte die Naturgesetze, dass Tote nicht aus ihrem Grab auferstehen, genauso gut wie wir. Das Christentum bahnte sich seinen Weg aufgrund der Schlagkräftigkeit des Beweises, dass ein Mann aus den Toten auferstanden war.»[64]

Ich meine, Unwissenheit begünstigt Wunderglauben nicht zwingend. Humes Jünger sagen dagegen: Da wir heute die Naturgesetze kennen, ist der Glaube an Wunder unmöglich geworden. Naturgesetze sind unveränderlich. Basta.

Starkes Argument, denke ich. Aber: Sind Wunder tatsächlich Verletzungen der Naturgesetze?

Der englische Literaturwissenschaftler C.S. Lewis widerlegt das einmal mit folgender Analogie:

«Lege ich am Montag sechs Pfennige in die Schublade, und am Dienstag noch sechs dazu, dann fordern es die Regeln, dass ich dort am Mittwoch – *wenn alles andere gleichbleibt* – zwölf Pfennige vorfinde. Aber wenn die Schublade ausgeraubt wird, kann es sein, dass ich in Wirklichkeit nur zwei vorfinde. Irgendetwas wird dann gebrochen worden sein (das Schloss der Schublade oder die Gesetze unseres Landes), aber die Naturgesetze nicht. Die neue, durch den Dieb verursachte Situation gibt die Gesetze der Arithmetik genauso wieder wie die ursprüngliche Situation.»[65]

Wunder müssen nicht zwingend Naturgesetze brechen, aber sie können neue Grundlagen schaffen, auf deren Basis die Naturgesetze ablaufen. Naturgesetze sagen aus christlicher Sicht lediglich vorher, was geschehen wird, wenn Gott nicht eingreift.

Wenn ich einen Stift fallen lasse, fällt er immer nach unten, das verlangt das Gravitationsgesetz. Aber es hindert mich nicht daran, diesen Stift aufzufangen; und so fällt er «wundersam» nicht zu Boden. Diese neue Situation (sprich: mein Eingriff) war – im Bilde bleibend – nicht vorhersehbar, veränderte dennoch die gesamte Lage, aber eben gerade nicht *gegen,* sondern *in Übereinstimmung* mit den Naturgesetzen.

Auf dieser Ebene bewegt sich zum Beispiel die Jungfrauengeburt: Gott als Schöpfer speist Fremd-DNA in den fraulichen Körper der Maria ein, wo sie ganz in Übereinstimmung mit den Naturgesetzen zu einer Schwangerschaft geführt hat. Äußerst unwahrscheinlich, da es noch nie vorher beobachtet worden (heißt *nicht:* nie geschehen) ist, aber nicht ausschließbar, wenn Gott Gott ist. Und historisch so gut bezeugt wie kaum ein anderes Ereignis der Weltgeschichte.

C.S. Lewis weiter: «Wenn Gott ein Teilchen der Materie vernichtet oder schafft oder abbiegt, so hat er an diesem Punkt eine neue Situation geschaffen. Und sofort gliedert die Natur diese in sich ein, lässt sie in ihrem Reich zu Hause sein und passt ihr alle anderen Ereignisse an. Sie findet sich in Übereinstimmung mit allen Gesetzen.»[66]

Christen glauben selbstverständlich daran, dass Gott ein Universum mit inneren Regeln und Gesetzen geschaffen hat, nach denen sich normalerweise die Dinge in Ursache-und-Wirkung-Beziehung entfalten. Aber wir glauben genauso daran, dass der Urheber dieser Gesetzmäßigkeiten auch in diese Abläufe eingreifen kann, um punktuell eine neue Information einzuspeisen, die sich wiederum nahtlos in die Gesetzmäßigkeiten des Universums einfügt.

Was sind Wunder dann, wenn nicht eine Verletzung von Naturgesetzen? Wunder sind für mich Ereignisse, die gekennzeichnet sind durch zwei Dinge:

1. durch eine höchstmögliche Unwahrscheinlichkeit (bestenfalls: durch Einzigartigkeit) und
2. durch eine höchstmögliche Bezeugung (bestenfalls: durch Beweis).

Die Einzigartigkeit von Wundern: Zweifel an Wundern sind das Dogma des Materialismus

Klar, es gibt Leute, die leichtfertig von Wundern sprechen: «Dass ich es noch trocken nach Hause geschafft habe und Gott den Regen extra für mich aufgehalten hat, bis ich daheim war, ist echt ein Wunder!»

Der amerikanische Genetiker Francis Collins (*1950) sagte dazu mal: «Das Einzige, was die Möglichkeit von Wundern eher zerstört als hingegebener Materialismus, ist, auf Dinge des alltäglichen Lebens, die mit natürlichen Erklärungen gut in den Griff zu bekommen sind, den Anspruch eines Wunderstatus zu stellen.»[67]

Wunder zeichnen sich durch eine höchstmögliche Einzigartigkeit aus, logo! Und das macht es uns schwer, sie zu begreifen.

Wissenschaftler teilen sich häufig ein in Theisten (an einen Gott Gläubige) oder Naturalisten (alles ist Natur; es gibt nichts Übernatürliches). Eine Unterkategorie von Letzteren sind wiederum die konsequenten Materialisten (selbst Gedanken und Gefühle gehen auf Materie zurück). Für sie ist es besonders schwer, Wunder zu akzeptieren.

Christen begreifen Wunder als Teil der Freiheit, die Gott

als Schöpfer über diese Welt hat: Einzugreifen, punktuell, wo immer er will.

Die Bibel geht sogar noch weiter: Sie spricht davon, dass Gott diese Welt nicht nur – wie die erste Murmel auf einer Kinderkugelbahn – angestoßen hat und nun zuschaut, was passiert. Das wäre die Sicht des klassischen Deismus. Sondern die Bibel spricht auch davon, dass Gott der ist, der täglich, ja stündlich diese Welt durch Wunder am Laufen hält.

Doch das Auge des Materialisten kann das nicht wahrnehmen, weil er Wunder kategorisch ausschließt. Das ist das Axiom (der nichthinterfragbare Grundsatz) seines Denkens. Es begrenzt ihn auf ein bestimmtes Sichtfeld. Und dabei hält er sich für liberal im Denken.

Der streitbare englische Schriftsteller Gilbert Keith Chesterton (1874–1936) schreibt dazu: «Aus irgendeinem außerordentlichen Grund hält sich die fixe Idee, dass es liberaler sei, nicht an Wunder zu glauben, als an sie zu glauben.»[68]

Dabei werden in Naturwissenschaft und Psychologie ständig und pausenlos erstaunliche Dinge herausgefunden, die wir nicht erklären können, die wie Wunder vor unseren Augen stehen. Ich meine, nicht an Wunder glauben zu können, ist eine Form von starker Unfreiheit – und der Materialist erlegt sich dies selbst auf. Ich halte mich für frei, auch an Wunder glauben zu können.

Das heißt, im eigentlichen Wortsinn sind wir viel liberaler, wenn wir Wunder nicht von vornherein ausschließen, sondern die Möglichkeit von Wundern in Betracht ziehen. Wunder sind aus Sicht des Theisten nicht auszuschließen, man kann sie lediglich als höchst unwahrscheinlich definieren.

Dass der Materialismus unser Denken festlegt, hat Folgen für das wissenschaftliche Forschen. Richard Lewontin (*1929), Genetiker an der Universität Harvard, verlangt zum Beispiel folgerichtig, dass man als materialistischer Wissenschaftler wissenschaftliche Behauptungen gegen den gesunden Menschenverstand akzeptieren muss. Er begründet dies damit, dass man sich als Wissenschaftler von vorneherein dem Materialismus verpflichtet haben muss: «Außerdem ist dieser Materialismus absolut, denn wir können keinen göttlichen Fuß in der Tür zulassen.»[69]

Dazu sagt der deutsche Philosoph Richard Schröder in seinem lesenswerten Buch *Abschaffung der Religion?*: «Der Anspruch: Vergiss alle deine bisherigen Überzeugungen und lass dir von mir im Namen der Wissenschaft erklären, was du bist und wie die Welt wirklich beschaffen ist, ist die Zumutung der Entmündigung.»[70]

Der Philosoph Immanuel Kant (1724–1804) hat das schon ganz richtig gesehen, dass die experimentierende Naturwissenschaft ihre Grenzen hat, weil sie nämlich Bestätigung für Gesetzmäßigkeiten sucht, die sie zuvor selber entworfen hat. Was folgerichtig bedeutet, dass einmalige, einzigartige Ereignisse von vornherein ausgeschlossen sind. Denn sie lassen sich natürlich nicht im Experiment wiederholen, sind von daher nicht überprüfbar und deswegen grundsätzlich ausgeschlossen.

Damit fällt ein großer Teil der gesamten Weltgeschichte schon einmal nicht ins Arbeitsfeld der Naturwissenschaften, obwohl manche ihrer fanatischen Vertreter, wie der schon erwähnte Richard Dawkins, gerne die Biologie als Allerklärungsmethode für jedes und alles heranziehen möchten. Aber weder der Anfang dieser Erde, ob nun geschaffen oder Urknall, noch das Ende dieses Universums sowie unendlich viele geschehene Ereignisse, die einmalig stattfanden, lassen sich jemals im Experiment wiederholen.

Und nun tauchen wir mit diesem Vorwissen in die biblischen Wunderberichte ein, um sie zu durchdenken. Ich nehme immer wieder gerne die Wunder, die im Kernbereich des christlichen Glaubens bezeugt sind: Im Fall der leiblichen Auferstehung Jesu muss nach einhelliger Meinung etwas Übernatürliches involviert gewesen sein, sonst wäre sie nicht möglich gewesen. Da aber Materialisten Übernatürliches an und für sich leugnen, leugnen sie auch die Möglichkeit einer Auferstehung. Damit gibt's nichts mehr zu diskutieren.

Das ist der Punkt, von dem der Apostel Paulus sagt: «Denn obwohl die Welt von Gottes Weisheit umgeben ist, hat sie mit ihrer Weisheit Gott nicht erkannt. [...] Für die Juden ist das [Evangelium] ein Skandal, für viele aus den anderen Völkern eine Dummheit, aber für die, die Gott berufen hat – Juden oder Nichtjuden –, ist der gekreuzigte Christus Gottes Kraft und Gottes Weisheit. Denn was an Gott töricht erscheint, ist weiser als die Menschen ...»[71]

Ich sehe es folgendermaßen: Materialismus als Unterkategorie zum Naturalismus ist für die Wissenschaft nicht notwendig. Ich denke, es ist vielmehr eine Philosophie, die an die Wissenschaft herangetragen wurde und die ihr einen Bärendienst erweist, indem sie ihr vorschreibt, was *nicht* als Ergebnis herauskommen darf.

Die meisten großen Wissenschaftler vergangener Zeiten wie etwa Galileo Galilei (1564–1642) oder Isaac Newton (1642–1727) oder Blaise Pascal (1623–1662) hatten die Freiheit, einen Schöpfergott in Betracht zu ziehen, der in die Welt eingreifen kann. Für diese drei und viele andere war genau dieser Schöpfergott auch Ursache ihres wissenschaftlichen Denkens und Forschens.

Ihnen ging es wie dem Botaniker und Ökologen Ghillean Prance (*1937), Mitglied der Royal Society, einer Gelehrtengesellschaft zur Wissenschaftspflege in England, der einmal sagte: «Alle meine naturwissenschaftlichen Studien haben meinen Glauben bestätigt.»[72]

Es gibt eben kein voraussetzungsloses Forschen, so sehr wir uns das auch wünschen würden. Diese Annahme ist ein Relikt aus der Geistesgeschichte der Moderne.

Der bereits erwähnte Schriftsteller G.K. Chesterton, ehemals Agnostiker, schreibt dazu in seiner bissigen Art: «Der Christ gibt zu, dass die Welt facettenreich und sogar total vermischt ist. Genauso wie ein vernünftiger Mensch weiß, dass er komplex ist. [...] Die Welt des Materialisten ist dagegen geradezu simpel und festgelegt. So wie ein Verrückter, der sich für völlig normal hält.»[73]

Ja, Wunder sind durch eine höchstmögliche Unwahrscheinlichkeit geprägt, aber nicht per se auszuschließen, sondern prinzipiell möglich. Deswegen brauchen wir, um sie zu begreifen, eine höchstmögliche Bezeugung (bestenfalls einen Beweis).

Wunder brauchen eine bestmögliche Bezeugung

Wunder sind eine Voraussetzung für Heiligsprechung in der katholischen Kirche (davon ausgenommen sind Märtyrer, die auch ohne Wunder heiliggesprochen werden). Aber nur *bezeugte* Wunder werden zur Prüfung im Rahmen des Heiligsprechungsprozesses zugelassen. Meist sind dies medizinische, durch Ärzte bestätigte Wunder.

Genau wie für die Wissenschaft gehören auch hier Glaube, Vernunft und Indizien zusammen. Glaube ist eben keine blinde Frömmigkeit, sondern nach der Bibel «ein Überführtsein von Wirklichkeiten, die man nicht sieht»[74]. Überzeugt wird man durch Zeugen oder Zeugnisse.

Manche Zeugen könnten universeller Natur sein: Zum Beispiel spricht der Psalmdichter in der Bibel davon, dass das Wunder der Schöpfung Gottes von der Existenz Gottes spricht.

Die wunderbare Ordnung in unserem Universum ist bewundernswert und gleichsam auch Grundlage für alles wissenschaftliche Forschen. Denn wenn alles Chaos wäre und keine Regelmäßigkeiten und Ordnungen herrschen würden, wäre jegliches Forschen sinnlos.

Schon so mancher ist durch diese innere Ordnung der Natur auf Gott gestoßen, so zum Beispiel Melvin Calvin (1911–1997), Nobelpreisträger für Chemie: «Bei dem Versuch, den Ursprung dieser Überzeugung herauszufinden, bin ich auf den Grundgedanken gestoßen, der bereits vor zwei- oder dreitausend Jahren entdeckt wurde und der zuerst in der westlichen Welt von den alten Hebräern verbreitet wurde, nämlich, dass das Universum von einem einzigen Gott regiert wird und nicht das Produkt einer Laune vieler Götter ist, von denen jeder seinen Bereich nach eigenen Gesetzmäßigkeiten regiert. Diese monotheistische Sichtweise ist wohl die historische Grundlage für die moderne Wissenschaft.»[75]

Ähnlich schreibt der bekannte deutsche Mathematiker und evangelische Theologe Johannes Kepler (1571–1630): «Das Hauptziel aller unserer Untersuchungen der äußeren Welt sollte die Entdeckung der rationalen Ordnung und Harmonie sein, die Gott ihr gegeben hat und die er uns in der Sprache der Mathematik zu erkennen gibt.»[76]

Andere Wunder werden individuell und persönlich bezeugt. So ging es mir zum Beispiel vor einigen Jahren, als in einem finanziellen Tief eine große, nicht so ohne weiteres bezahlbare Nachzahlung einer Stromrechnung im Briefkasten lag – und in der gleichen Postsendung ein anonymer Briefumschlag, mit fast der gleichen Summe Geld, sogar etwas mehr. Da wir mit niemandem im Vorfeld gesprochen hatten und auch den genauen Betrag der Nachzahlung nicht wissen konnten, ist dieses Zusammenspiel äußerst unwahrscheinlich.

Jedenfalls ist mir so etwas noch nie passiert. Die Wahrscheinlichkeit, dass das geschieht, kann jeder mal nachprüfen, indem er seine Post der letzten fünf Jahre daraufhin durchgeht, wie oft das bei ihm vorkam. Und dennoch ist es gut bezeugt, denn sowohl meine Frau als auch ich haben es beim Öffnen des Briefkastens mit eigenen Augen gesehen und können es bezeugen. Und wir danken Gott für dieses Wunder. Ob das Geld von ihm direkt oder jemand anderem kam? Egal. Es war ein dringend not-wendiges Wunder für uns. Es «Zufall» zu nennen, wäre ziemlich vermessen.

Und nehmen wir erst die Zentral-Wunder der Bibel: Die Auferstehung Jesu zum Beispiel ist historisch top-bezeugt wie kaum ein anderes Ereignis der Weltgeschichte. Sicher: Äußerst unwahrscheinlich, aber eben top-bezeugt. Ergo: ein Wunder.

Man vergleiche da nur mal die Anzahl der überlieferten Manuskripte des Neuen Testaments (alleine 5000 griechische Handschriften; mit den frühesten Textfragmenten 125 nach Christus datiert) mit den Manuskripten eines

Plato (nur zehn antike Exemplare; das früheste ca. 1400 Jahre nach dem Original entstanden).[77]

Und doch kennen wir alle Menschen, die all das ablehnen und es Zufall, Subjektivität und Auslegungsvariante nennen würden. Es braucht schon einen unverdorbenen Blick auf die Dinge, um Wunder wahrzunehmen.

Alice im Wunderland, oder: Die klare Logik des unverdorbenen Verstandes

In dem erstmals 1865 erschienenen Klassiker *Alice im Wunderland* von Lewis Carroll (1832–1898) wird erzählt, wie ein kleines Mädchen namens Alice Zugang erhält zu einem geheimen Wunderland, dessen Tür so niedrig ist, dass alles klein werden muss, um dort hineinzugelangen.

Das ist ein schönes Bild für uns: Um das Land der Wunder wahrzunehmen, müssen wir wieder zur ursprünglichen Unverdorbenheit unseres Denkens zurückfinden. Wunder nehmen nur Kinder wahr und ernst.

Als Deutschland 2014 bei der WM 7 : 1 gegen Brasilien gewann, hatte niemand dieses Wunder erwartet. Niemand außer dem kleinen Augustin aus Rüdesheim mit vier Jahren, der in seinem Kindergarten dieses Ergebnis getippt hatte und von seinen Erzieherinnen ausgelacht wurde. Auch sein Vater, der schon jahrelang relativ erfolglos Sportwetten tippte, war erstaunt, als sein Sohn im Kindergarten gewann und eine schwarz-rot-goldene Gummibärchenstange als Siegesprämie zu Hause anschleppte.

Ich habe darüber einen Bericht im Radio gehört und mich gefreut über die selbstverständliche Erwartung des Jungen, dass das kein Problem sein würde – und dass seine Einschätzung dann auch eintraf.

Der schon erwähnte Gilbert K. Chesterton schreibt in seinem Buch *Orthodoxie* ein ganzes Kapitel über unsere Wahrnehmung. Er nennt es «Die Ethik des Elfenlandes». Seine Hauptthese: Viele Wunder nehmen wir nicht wahr, weil wir uns an sie gewöhnt haben.

Damit meint er beispielsweise den Selbstheilungsprozess, der einsetzt, wenn ein Kind hinfällt und sich verletzt. Da sagt mancher Erwachsene gerne: «Bis du groß bist, ist das wieder verheilt.» Und tatsächlich: Wie durch ein Wunder ist im Erwachsenenalter selbst bei größeren Wunden allenfalls noch eine Narbe zu sehen.

Wir haben uns an diese Selbstheilungskräfte des Körpers so sehr gewöhnt, dass wir sie nicht mehr als Wunder wahrnehmen. Aber nur weil wir den Mechanismus beschreiben können, durch den Selbstheilung geschieht, heißt das noch nicht, dass wir die Existenz des Mechanismus erklären können. Es bleibt ein Wunder.

Keiner von uns würde sein Auto mit einer gebrochenen Achse in die Garage stellen und nach etlichen Wochen nachsehen, ob sich die Achse von allein geheilt hat. Das ist unvorstellbar.

Gott hat Wunder in unsere Welt eingebaut, bei denen wir erst wieder lernen müssen, sie als solche wahrzunehmen. Wir als Gebildete haben uns sehr daran gewöhnt, Begrifflichkeiten zu verwenden, die dieses Wunderbare in der Natur verschleiern: Gesetze, Ordnungen, Konstanten usw. Durch diese Begriffe schleicht sich in unserem Denken auch ein gewisser Fatalismus ein, der wegen der reinen Empirie nicht mehr mit Ausnahmen rechnet. Dabei ist die Möglichkeit der Ausnahmen gar nicht auszuschließen.

Schon Jesus sagte diesen tiefgründigen Satz: «Wenn ihr

nicht … wie die Kinder werdet, könnt ihr nicht ins Himmelreich kommen.»[78]

Beim Erwachsenwerden wird uns die Begeisterungsfähigkeit für Wunder so sehr abtrainiert, dass wir die Welt nicht mehr in ihren mystisch-wundersamen Abläufen richtig wahrnehmen, sondern nur noch durch unsere sogenannte aufgeklärte wissenschaftliche Brille sehen.

Ein weiteres Beispiel sind die täglichen Wunder der Natur: etwa der Zusammenhang zwischen Eiern und dem Fliegen. Mit klarem Verstand würde niemand einen Zusammenhang herstellen zwischen Eiern und Fliegen. Eier können nicht fliegen. Aber wir haben uns so sehr daran gewöhnt, dass es uns gar nicht mehr außergewöhnlich erscheint, dass wir beim Anblick von einem Ei wissen: Hier kann potenziell ein Küken schlüpfen, das eventuell fliegen kann.

Chesterton schreibt dazu in seiner eigenen ironischen Art und Weise als Seitenhieb gegen die materialistischen Naturwissenschaften: «Sie tun so, als ob eine physikalische Verbindung von zwei seltsamen Geschehnissen eine philosophische Verbindung zwischen ihnen schaffe. Sie meinen, weil ständig ein unverständliches Geschehen auf ein anderes unverständliches Geschehen folge, würden beide zusammen irgendwie etwas Verständliches ergeben.»[79]

Für Wunder brauchen wir wieder den unverdorbenen Blick von Alice im Wunderland. Auf der Jagd nach Wundern sind viele von uns innerlich gebunden an die großen Vorgänge der Welt: Ob es sein kann, dass die Sonne für einige Zeit ihre Kraft verliert, ob Wundersames im Kosmos vor sich geht usw.

Dabei haben wir vergessen, dass das eigentlich Wundersame im Kleinen geschieht: Vergebung, die zwischen zwei

Menschen stattfindet, ist ein Wunder, auch wenn man dieses Wunder mit chemischen Reaktionen des Gehirns beschreiben könnte. Ein Kind, das mitten im Elend auf einem Müllhaufen selbstvergessen spielt, ist auch so ein Wunder, das wir nur mit einem geschärften Blick wahrnehmen.

Ich plädiere dafür, dass wir wieder lernen müssen, das Wunder in der Welt wahrzunehmen – und dahinter den Wundertäter. Chesterton: «In der Welt gibt es etwas Personales, wie in einem Kunstwerk; und was auch immer diese Person dabei vorhatte, es war ihr ernst.»[80]

Fazit: Ich glaube, wenn man nicht dogmatisch festgelegt ist wie ein Materialist, kann man die Existenz von Wundern prinzipiell in Betracht ziehen. Wunder als einzigartige Vorgänge sind nicht durch wiederholbare Experimente verifizierbar. Wunder können nur durch Bezeugung einzelner Zeugen aus ihrer Nische der Unwahrscheinlichkeit herausgezogen und denkbar wahrscheinlich werden, je nach Glaubwürdigkeit der Zeugen.

Die Bibel bezeugt auf glaubwürdige Art und Weise viele Wunder, die in Raum und Zeit stattgefunden haben. Das größte Wunder der Welt, in dem auch die Geschichte der Welt ihren vorläufigen Höhepunkt findet, ist: die Inkarnation, das heißt die Fleischwerdung Gottes als Mensch. In Jesus wird Gott anfassbar und spürbar.

In seiner Biografie über Jesus schreibt der Apostel Johannes in der Bibel über Wunder: «Diese [Zeichen; er meint: Wunder] aber sind aufgeschrieben, damit ihr glaubt.»[81]

In diesem Sinne gehören Wunder zum nichtreduzierbaren Bestandteil des christlichen Glaubens. Und in diesen Wundern tritt der Gott der Geschichte in Raum und

Zeit sichtbar zutage. Mit einem Ziel: zum Wunder in deinem und meinem Leben zu werden.

Das meint: Dein persönliches Wunder ist für dich erlebbar, wenn du es möchtest; du kannst diesen Gott in dein Leben hereinlassen. Nicht nur reinreden und reinhandeln lassen, sondern wirklich einlassen. Wenn du dich für Jesus Christus öffnest, dann wird Gott selbst in dir wohnen, und du wirst ein Teil der Familie Gottes. Das bezeugt die Bibel:

«Wie viele ihn aber aufnahmen, denen gab er Macht, Gottes Kinder zu werden: denen, die an seinen Namen glauben ...»[82]

Jeder von uns sollte versuchen, dieses einzigartigen Wunders selbst teilhaftig zu werden. Ich denke, das sind wir uns einfach schuldig. Und ja, auch ihm, der uns diese offene Tür und diese erneuernde Kraft anbietet.

Teil 2

Annäherung an den christlichen Glauben

Was hat uns das Christentum Gutes gebracht?

Mir gegenüber sitzen Verwandte eines guten Freundes. Sie sind im Osten Deutschlands aufgewachsen und haben dort studiert. Innerhalb weniger Jahre hat die DDR-Ideologie «Ohne Gott und Sonnenschein bringen wir die Ernte ein»[83] die Spuren von mehr als 1000 Jahren Christentum fast völlig aus dem kulturellen Gedächtnis gelöscht. So auch bei ihnen.

Wir kommen ins Gespräch über Gott und die Welt. Eigentlich mehr über Gott. Schnell ist die Unterhaltung emotional – und dann vorbei. Darüber wollen sie nicht noch mehr reden, reine Zeitverschwendung: Hexenverbrennung, Wissenschaftsfeindlichkeit, Inquisition, die volle Wagenladung christlichen Schmutzes wird mir vor die Füße gekippt.

Wer kann angesichts der vielen Verfehlungen des Christentums noch ernsthaft glauben? Wenn man mit Agnostikern oder Atheisten im Gespräch ist, sind manche recht leidenschaftlich dabei, alle Religionen in einen Topf zu werfen: IS-Islamisten töten, weil sie Fundamentalisten sind. Ernsthafte Christen, gar noch Evangelikale, sind auch Fundamentalisten. Ergo: Sie sind gefährlich. Zumindest ist Religion unnötig, überflüssig.

Überhaupt: Was bringt uns eigentlich die Religion, speziell das Christentum? Was hat es eigentlich jemals in der Vergangenheit Gutes gebracht?

Schön, dass wir darüber nachdenken können. Diese Frage so breit und öffentlich zu diskutieren, ist fast nur in den christlich geprägten Ländern der westlichen Hemisphäre möglich, in vielen anderen Religionen und Kulturen wäre schon das Fragen danach gefährlich für Leib und Leben!

Und ich will noch ein Statement draufsetzen: Ich glaube, dass vieles, was uns heute lieb und selbstverständlich ist im täglichen Leben, so nicht möglich wäre ohne den prägenden Einfluss des christlichen Glaubens. Doch *step by step*. Fangen wir ganz vorne an, beim Begründer des Christentums: Jesus.

Jesus, der Weltveränderer

Der Jesus der Bibel hat sich selbst als Weltveränderer gesehen: Er wollte den Menschen das Göttliche zurückbringen. Das, was verloren gegangen war auf dem Weg der Geschichte. Er hat bestimmte Prinzipien und Werte vorbildlich vorgelebt. Hat sie gelehrt und eingefordert. Heilte Blinde, Lahme, Aussätzige und Taube. Tat dabei nie jemandem etwas Böses: Egoismus, Betrug und Heuchelei waren ihm zutiefst fremd.

Und diese Haltung wurde zum Anstoß für eine weltumwälzende Bewegung. Menschen, die mit Jesus in Berührung gekommen sind, veränderten ihrerseits die Welt: Ethik, Moral, Gesundheits- und Bildungssystem, Wirtschaft, Wissenschaft, Rechtswesen, Kunst und Politik. Wir alle genießen die Segnungen dieser Veränderung und sind uns nicht bewusst, dass sie im Wesentlichen auf diesen einen Mann zurückgehen.

Jesus umgab sich mit Schülern, in der Bibel «Jünger» genannt: einfache Menschen, Fischer, verhasste Steuereintreiber, gefährliche Guerillakrieger. Über drei Jahre begleitete er diese Menschen, prägte ihr Denken und Handeln und hinterließ völlig veränderte Menschen.

Die Bibel berichtet uns, wie nach der Kreuzigung von Jesus die Jünger sehr traurig und ängstlich zurückblieben und sich furchtsam einschlossen. Dann hatten sie eine tiefgreifend verändernde Begegnung mit dem auferstandenen Jesus: «Da wurden die Jünger froh ...»[84]

Das kennzeichnet den Beginn ihrer Transformation. Sie wurden zu mutigen Verkündigern der frohen Botschaft Gottes und zu Veränderern ihrer Gesellschaft.

Der bereits erwähnte amerikanische Soziologe Alvin J. Schmidt zeichnet diese tiefgreifende Veränderung in seinem Buch *Wie das Christentum die Welt veränderte* nach. Auch andere, wie der indische Philosoph Vishal Mangalwadi (*1949), haben in letzter Zeit die tiefgreifenden Einflüsse dieses Jesus von Nazareth auf unsere Welt nachgezeichnet.[85]

Ich lade dich ein, mit mir einen kurzen Ausflug in die Geschichte zu unternehmen.

Blick zurück, Teil 1: Die Heiligkeit des menschlichen Lebens

Für uns in der westlichen Welt ist das menschliche Leben an und für sich schützenswert. Es ist klar: Kleine Kinder werden nicht zum Sterben ausgesetzt, nur weil sie Mädchen sind oder weil sie unerwünscht sind. In Indien, China, im brasilianischen Regenwald und bei den Inuit wurde dieser Brauch erst im Zuge des christlichen Einflusses zurückgedrängt. Mancherorts ist er sogar heute noch Tradition.

Das ist nichts Neues: Es war im alten Griechenland und auch bei den Römern üblich, Kinder auszusetzen oder zu töten, wenn sie unerwünscht waren. Ein antiker Geschichtsschreiber erklärt sogar den Bevölkerungsrückgang im antiken Griechenland damit: «Wir ertränken Neugeborene, die schwächlich und missgebildet sind.»[86]

Den Christen dagegen war das Leben heilig, sie setzten keine Kinder aus. Mehr noch: Sie nahmen die ausgesetzten Kinder anderer Leute – wo sie konnten – auf und versuchten sie zu versorgen. Leben zu vernichten war für sie Mord. Die Didache, die «Lehre der zwölf Apostel», eine Art frühchristliche Gemeindeordnung, schreibt ultimativ fest: «Du sollst das Geborene nicht töten.»[87]

Und der Kirchenvater Tertullian erklärt: «Wir hingegen dürfen, nachdem uns ein für alle Mal das Töten eines Menschen verboten ist, selbst den Embryo im Mutterleibe [...] nicht zerstören.»[88]

Im vierten Jahrhundert, unter dem Einfluss christlicher Bischöfe, verbot der Kaiser Abtreibung, Kindstötung und das Aussetzen von Kindern.

Menschen werden bei uns nicht geopfert, nur weil sie Feinde sind (wie dies etwa bei den südamerikanischen Hochkulturen üblich war), oder weil sie Witwen sind und ihrem Mann als Grabbeilage dienen sollen (wie vereinzelt im traditionellen Hinduismus, der sich gerade wieder einer Renaissance erfreut), oder auch einfach nur, weil andere es lieben, dabei zuzusehen, wie sich Menschen gegenseitig töten (zum Beispiel bei den antiken römischen Gladiatoren-Wettkämpfen).

Wie weltweit damals bei vielen Völkern üblich, so war auch bei den alten Römern das menschliche Leben nicht viel wert: Tausende von Menschen wurden geopfert, und erst unter dem Einfluss der Christen wurden Gladiatorenkämpfe mehr und mehr verpönt.

Kriegsgefangene zu opfern war in Europa bei den Iren sowie bei den preußischen und litauischen Stämmen noch bis ins 13. und 14. Jahrhundert hinein üblich. Natürlich auch bekannterweise in den südamerikanischen Hochkulturen der Azteken und bei den Maya.

Erst der christliche Einfluss beendete diese Haltung. Allerdings muss man jüngst beobachten, dass diese lebensbejahende Grundhaltung in unserer sogenannten christlich-abendländischen Kultur an den Rändern aufweicht. Hand in Hand mit der Abkehr vom christlichen Wertefundament nimmt die Akzeptanz der lebensverneinenden Haltung zu: frühabtreibende Verhütungsmethoden, Abtreibung, Selbstmord, Euthanasie. Ein bedenkenswerter Zusammenhang.

Blick zurück, Teil 2: Gleichwertigkeit der Geschlechter

Vom Frauenbild im traditionellen Buddhismus habe ich weiter oben schon geschrieben. Zudem hören wir in den Nachrichten, wie im hinduistischen Indien Frauen im Alltag wenig wert sind, immer wieder auch gefühltes Freiwild für potenzielle Vergewaltiger.

Die Rolle der Frau im Islam ist hinlänglich bekannt. Trotz mancher Lobbyisten wird jedem, der den Koran aufschlägt, schnell deutlich, dass sie hier weniger wert ist als der Mann. So heißt es zum Beispiel in Sure 4,34 über die widerspenstigen Ehefrauen: «Warnet sie, verbannt sie aus den Schlafgemächern und schlagt sie.»[89]

Nicht so in der Bibel: Hier werden von Anfang an Männer und Frauen zwar nicht als gleichartig, aber deutlich als gleichwertig betrachtet. Im Neuen Testament gipfelt das in der Aussage bei Paulus: «Ihr Männer, liebt eure Frauen, wie auch Christus die Gemeinde geliebt hat und hat sich selbst für sie dahingegeben. […] Wer seine Frau liebt, der liebt sich selbst.»[90]

Jesus hat es vorgelebt und selbstverständlich von seinen Nachfolgern erwartet, dass sie Frauen mit absoluter Ehrerbietung behandeln und sie absolut als gleichwertig mit Männern sehen. Er hat auch Frauen unterrichtet unter seinen Jüngern: ein absolutes Novum in der griechisch-römischen Kultur, in der Frauen selbstverständlich diskriminiert wurden. Bildung gab es nur für Männer.

In der griechischen Literatur, die dem Römischen Reich das Denken vordiktierte, kam die Frau unheimlich schlecht weg. Sie galt als betrügerisch und schamlos. Sie wurde offen als böse diffamiert. So war es nur folgerichtig, dass die Römer diese Grundhaltung zu Frauen auch gesetzlich verankerten: In Rom gab es dafür die sogenannte *«patria potestas»* (dt. «väterliche Gewalt»). Auf der vierten Tafel des römischen Zwölftafelgesetzes[91] wurde dem verheirateten Mann die absolute Verfügungsgewalt über seine Familie eingeräumt, bis dahin, dass Frauen und Kinder als Besitz gesehen wurden. Der Mann hatte das Recht, mit seiner Familie zu tun, was er wollte.

In diese frauenfeindliche Kultur nun stößt das frauenfreundliche Christentum hinein. In den christlichen Gemeinden wurden die Frauen als gleichwertig mit den Männern behandelt: Sie genossen den gleichen Taufunterricht, die gleiche Taufe, das gleiche Abendmahl und den gleichen Gottesdienst.

Mit der Verbreitung des christlichen Glaubens setzten sich nach und nach weltweit viele Rechte der Frauen durch. Zum Beispiel verboten die Briten aufgrund ihrer christlichen Grundüberzeugung 1829/30 in Indien die «Sati»-Praxis (die Witwenverbrennung). Das war zwar ein klarer Kulturverstoß, andererseits aber ein großer Fortschritt für die Rechte indischer Frauen.

Ähnlich war es bei der Fußverstümmelung der Frauen in China, wo christliche Missionare den Kampf anführten gegen die Praxis, kleinen Mädchen dauerhaft die Füße einzubinden, weil verkrüppelte Minifüße Frauen angeblich attraktiver machen sollten.

Noch heute können wir beobachten, dass es in der Frage der schmerzhaften und entwürdigenden Frauenbeschneidung in Afrika die vielen christlichen Missionare und Missionarinnen sind, die mit an vorderster Front gegen diese Verstümmelung kämpfen.

Leider beobachten wir aber auch, wie im sogenannten christlichen Abendland durch die vermehrte Abkehr von den christlichen Wurzeln eine christlich geprägte Geschlechter-Sicht verloren geht, so dass heute viele unter Geschlechtergerechtigkeit Gleichmacherei verstehen; wie im politischen Gender Mainstreaming.

Auf der anderen Seite werden ohne tragfähiges inhaltliches Integrations-Konzept Menschen mit einer frauenunterdrückenden religiös-kulturellen Prägung in Gutmenschenmanier und scheinbar ohne Veränderungsanspruch willkommen geheißen.

Kritische Stimmen dagegen werden schnell mit der Keule der *political correctness* erschlagen.

Blick zurück, Teil 3: Medizin

Barmherzigkeit und Nächstenliebe sind ureigene christliche Innovationen, die Jesus selbst eingesetzt hat und die die ersten Nachfolger Jesu weitergegeben haben: «Jeder achte nicht nur auf das eigene Wohl, sondern auch auf das der anderen.»[92]

Die ersten Christen haben sich gegen den römischen

Trend um Arme, Schwache und Ausgestoßene gekümmert, ohne etwas dafür zu erwarten. Das war im Römischen Reich völlig unbekannt, da dort jede Hilfsaktion im Rahmen von «Brot und Spiele» nur politischen Charakter hatte.

Doch für Christen war die Hilfe ein Ausdruck ihres Glaubens: «Ein reiner und unbefleckter Gottesdienst vor Gott, dem Vater, ist der: die Waisen und Witwen in ihrer Trübsal besuchen ...»[93]

Viele Wohlfahrtseinrichtungen wurden im Laufe der Geschichte von Christen gegründet: Waisenhäuser, Altenheime, Hilfsorden für Bedürftige usw. Vieles davon existiert heute noch und gehört für uns selbstverständlich zum Alltag.

Im römischen Denken wäre das völlig unvorstellbar gewesen, da Arme, Schwache und Bedürftige einfach aus der Gesellschaft eliminiert wurden, ähnlich wie im modernen Sozialdarwinismus. Geistig Behinderte wurden sich selbst überlassen oder getötet.

Christen dagegen gründeten schon Mitte des 4. Jahrhunderts die ersten Pflegestationen für Geisteskranke. Eine regelmäßige Pflege von Kranken gab es im Römischen Reich nur für Soldaten; Christen gründeten als Erste allgemeine Krankenpflege-Einrichtungen, meist in Klöstern. In der Mitte des 16. Jahrhunderts zählte man zum Beispiel circa 37.000 Benediktinerklöster, die die Kranken pflegten.[94]

Die bekannteste heute noch aktive Einrichtung ist das Rote Kreuz, das von Jean-Henri Dunant (1828–1910) mitbegründet wurde. Auf seinem Sterbebett fasste er noch einmal seine Lebensmotivation zusammen: «Ich bin ein Jünger Christi wie im ersten Jahrhundert und sonst nichts.»[95]

Diese Dinge hatten sogar Einfluss auf viele «nicht-christliche» Staaten, so dass zum Beispiel in der islamischen Welt als Folge der christlichen Sozialfürsorge der Rote Halbmond entstand.

Es ist erstaunlich, dass weder die Griechen in ihrer denkerischen Hochkultur noch die mächtig-erfolgreichen Römer es für wert erachtet haben, sich um die Armen, Schwachen und Ausgestoßenen der Gesellschaft zu kümmern, und erst die Nachfolger Jesu dies als festen Bestandteil in der Gesellschaft etablierten.

Doch wie gesagt: Wir beobachten einen Werteverfall. Spätabtreibungen von behinderten Kindern. Euthanasie. «Lebensunwertes» soll ausgelöscht und nicht gepflegt werden. Es kostet einfach zu viel … Krankenhäuser werden vermehrt nach wirtschaftlichen Kriterien geführt. Stück für Stück entledigt sich das «christliche Abendland» seiner christlichen Grundgesinnung.

Blick zurück, Teil 4: Bildungsgerechtigkeit

Klar: Lernen und Lehren war in allen Hochkulturen der Welt ein wichtiges gesellschaftliches Element. Aber das, was das Christentum erstmals verändern konnte, war, dass es *allen* Menschen Bildung zukommen lassen wollte. Nicht nur den reichen Jungs. Auch Arme und Mädchen sollten Zugang zu Bildung haben.

Im Mittelalter hat das nur partiell funktioniert, aber mit der Reformation gelang dann der Durchbruch: Philipp Melanchthon (1497–1560), Martin Luthers Wegbegleiter, brachte mit ihm zusammen die Obrigkeit seinerzeit dazu, das erste öffentliche Schulsystem in Deutschland einzuführen.[96]

Dies setzte dann in der Praxis vor allem Johannes Bugenhagen (1485–1558) um, Pfarrer der Stadtkirche in Wittenberg. Deswegen wird er manchmal wie auch Luther «Der Vater der deutschen Volksschule» genannt.

Der Reformator Martin Luther war der erste Autor der Neuzeit, der sich für eine allgemeine Schulpflicht aussprach. Der Unterricht in Klassenstufen wurde von dem evangelischen Pädagogen Johannes Sturm (1507–1589) im Jahre 1538 in Straßburg erfunden. Schulen für Gehörlose wurden vom französischen Priester Abbé Charles-Michel de l'Epée (1712–1789) initiiert. Kindergärten wurden vom lutherischen Pfarrerssohn Friedrich Wilhelm August Fröbel (1782–1852) Anfang des 19. Jahrhunderts begründet. Der breite Zugang zu Bildung für Blinde wurde durch Louis Braille (1809–1852) im 19. Jahrhundert ermöglicht.

Diese alle hatten immer auch zum Ziel, dass jedem Menschen durch das Erlernen der Bildungsgrundlagen Zugang zum Wort Gottes, der Bibel, und damit zum Evangelium der Liebe gegeben wird. Mit diesem Ziel wurden in der industrialisierten Welt die sogenannten Sonntagsschulen gegründet: Zuerst wurde in England armen Kindern Sonntagsunterricht gegeben, da es ja üblich war, dass sie sechs Tage die Woche bis zu zwölf Stunden am Tag arbeiten mussten.

Der «Erfinder» der Sonntagsschule, der englische Verleger und Sozialreformer Robert Raikes (1735–1811), wollte 1780 den Kindern vor allem biblischen Unterricht erteilen, merkte aber, dass die meisten gar nicht lesen konnten. So verlegte er sich zunächst auf das Unterrichten von Lesen und Schreiben. Das war ein weiterer Sprung in Richtung Schulbildung für Kinder armer Familien.

Blick zurück, Teil 5: Politik

Die Demokratie ist – bei allen bekannten Schwächen, die sie auch hat – ein Segen unserer Zeit. Demokratische Staatsformen wurden schon im alten Griechenland und in Rom ausprobiert, konnten sich aber auf Dauer nicht durchsetzen. Heute halten viele die Demokratie für ein Produkt der Französischen Revolution (1789–1799).

Aber eigentlich ist Demokratie schon viel früher gelebt worden: Als die christlichen Pilgerväter 1620 nach Amerika flohen, brachten sie den Gedanken der Demokratie mit. Sie lebten damit politisch ein Wertesystem, das auf den Schweizer Reformator Johannes Calvin (1509–1564) zurückgeht. Er begann damit, innerhalb der christlichen Kirchen Gemeindeleiter per demokratischer Wahl zu bestimmen. Dies wurde zum Vorbild für den Aufbau der amerikanischen Gesellschaft.[97]

1787, zwei Jahre vor (!) Beginn der Französischen Revolution, wurde die US-Verfassung angenommen. Mit demokratischen Grundlagen. Und bis heute ist die amerikanische Verfassung Vorbild für demokratische Prozesse. Christen legten aus ihrer biblisch motivierten Grundüberzeugung, dass jeder Mensch vor Gott gleich sei, dafür den Grundstein.

Dieser wohltuende Einfluss des Christentums auf politische Gegebenheiten ist auch andernorts festgestellt worden. Vishal Mangalwadi, der weiter oben schon erwähnte Philosoph aus Indien, beschreibt in seiner Forschung über das Christentum, wie Indien explizit durch den Einfluss der Bibel überhaupt erst ein anderes politisches Konzept als das der Feudalherrschaft hinduistischer Generäle kennen gelernt hat. Das moderne System von Staat und Freiheit ist in Indien erst durch christlichen Einfluss aufgekommen.[98]

Ähnliches können wir im heutigen China beobachten: Schätzungen gehen von 80 bis 120 Millionen meist evangelischen Christen aus. Der englische Journalist und Bestsellerautor David Aikman (*1944) versteigt sich im «Time Magazine» sogar zur Behauptung: «China ist dabei, ein christliches Land zu werden.»[99] Das Christentum baut seine Bedeutung in der Welt fortschreitend aus.

Ich las von einem chinesischen Wirtschaftsexperten, der das Wirtschaftswachstum in China auch als eine direkte Folge der Zunahme der protestantischen Arbeitsethik sieht. Mit Zunahme der Christen in der Wirtschaft gehe die Abnahme der Korruption einher. Eine sicher bedenkenswerte alternative Deutung des weltweiten wirtschaftlichen Einflusses, den China ausübt.

Fazit: Es gäbe sicher noch viel zu sagen über Wissenschaft, christliche Arbeitsethik, Freiheit und Gerechtigkeit für alle, die Trennung von Religion und Staat, die Abschaffung der Sklaverei, individuelle Freiheitsrechte, Gewissensfreiheit und Menschenrechte, die alle direkt von Christen initiiert oder zumindest im christlichen Einflussbereich entstanden sind.

Über Kunst und Architektur, Musik und Bücher wurde der Segen des christlichen Einflusses in viele andere Teile dieser Welt gebracht, auch ohne dass deren Menschen zwingend Christen geworden wären. Und ich halte es für bezeichnend, dass die großen Flüchtlingsbewegungen zurzeit quasi ausschließlich *aus* nichtchristlichen Einflussbereichen und überwiegend *in* christlich geprägte Länder stattfinden. Und nicht umgekehrt.

Eine veränderte Gesellschaft besteht aus veränderten Menschen. Jesus lebte es vor: Als Einzelner prägte er Einzelne, diese wiederum andere. Wie ein ins Wasser geworfener Stein zieht so der wohltuende Einfluss des christlichen Glaubens seine Kreise.

Menschen wie Martin Luther, Martin Luther King, Mahatma Gandhi und William Wilberforce (der sich in England vehement für die Abschaffung der Sklaverei eingesetzt hat) ließen sich von Jesus inspirieren und veränderten die Kultur eines ganzen Volkes, man könnte sagen: einer Epoche. Ihr Leben und ihre persönliche Ethik, die sich in vielem auch auf die biblischen Grundwerte stützte und nicht auf gängige Gesellschaftsnormen, war ein Affront gegen alles Bestehende.

Sie selbst sind dabei oft unter die Räder gekommen, aber die Gesellschaft wurde positiv verändert. Wovon wir heute noch profitieren.

Nicht namentlich genannt werden können hier die vielen schon erwähnten christlichen Missionare, die in kriegerische und zum Teil kannibalistische Völker und Stämme dieser Welt Frieden gebracht haben. Sie lebten genau das aus, wozu Jesus als der Sohn Gottes auf die Welt gekommen ist.

Programmatisch lesen wir das an Weihnachten in der Weihnachtsgeschichte: «Ehre sei Gott in der Höhe und Frieden auf Erden bei den Menschen seines Wohlgefallens.»[100] Durch diese zwei Maximen wurden ganze Kulturen verändert – und werden auch heute noch verändert: Wenn erstens Gott die Ehre bekommt und nicht das egoistische *Ich* im Mittelpunkt der Überlegungen steht, wird dadurch zweitens zumindest partiell Frieden auf Erden hergestellt.

Die ersten Christen haben nach diesem Prinzip gelebt, und diese Lebensweise war hochinfektiös: Trotz Verfolgung und gewollter Wehrlosigkeit sind sie in den ersten 300 Jahren um circa 40 Prozent pro Jahrzehnt gewachsen. Zur Zeit der konstantinischen Wende 313 waren etwa zehn Prozent der Römer Christen geworden, also geschätzt sechs bis sieben Millionen.

Ich lerne daraus: Mit der Heilung des eigenen Inneren beginnt die Heilung eines ganzen Volkes.

«Okay», sagst du, «dann hat halt meinetwegen das Christentum auch viel Gutes gebracht in dieser Welt. Das sind die christlichen Werte. Die will ich nicht schlechtreden, aber die Lehren Jesu sind zu krass! Die schränken unsere Individualität, unsere Selbstbestimmung, ja unser ganzes Leben total ein!»

Hm. Ist das so?

Lass uns da mal etwas näher hinschauen.

Schränkt das Christentum ein?

Da sitzen zwei junge Mädchen vor mir, vielleicht fünfzehn Jahre alt. Sie kommen aus einer sehr gläubigen christlichen Familie. Die Frage, die sie mir stellen, ist:

«Was hält Gott davon, dass wir rauchen? Darf man das als Christ?»

Was für ein Bild von Gott sich dahinter verbirgt; interessant.

Es kann mir passieren, dass ich mich im Gespräch dazu bekenne, dass ich Christ bin, und mein Gegenüber antwortet mir dann: «... da darf man ja gar nichts mehr!»

Wir als Westeuropäer sehen unsere eigene christliche Geschichte mittlerweile sehr kritisch. Wir haben auch wirklich viele Schattenseiten von Extremismus in verschiedensten Richtungen kennen gelernt. Dagegen betrachten wir andere Ideologien oder Religionen sehr freundlich. Da ist uns ja – vielleicht mit Ausnahme des Islams – nur die Schokoladenseite bekannt. Der Buddhismus ist weit weg, wir kennen hier nur die kuschelige Seite, und er kommt scheinbar sehr friedlich daher.

Gut, neben dem Islam haben wir auch vom Hinduismus in den letzten Jahren durch die Medien die gewalttätige Seite dieser Religion kennen gelernt, aber wir versuchen in gutmeinender Freundlichkeit daran festzuhalten, dass das nicht die «echte hinduistische» Religion sei.

Mancher Deutsche flieht mittlerweile in den offenen Atheismus: Gott ist nicht und darf nicht sein.

Oder er flieht – eher noch in postmoderner Manier – in den Agnostizismus: Völlig verwirrt, wird die Wahrheitsfrage einfach ausgeklammert.

In meiner schwäbischen Heimat gab es dafür einen schlauen Spruch, der das Ende eines Gesprächs über ein scheinbar unlösbares Problem markierte: «Nix Genaues weiß man nicht!»

Der Agnostizismus boomt. Er liegt im Trend. Religion ist ein unlösbares Problem. Außerdem erwarten wir davon eh nur wieder den bekannten, im Religionsunterricht übergestülpten Glauben, der mich einschränkt statt frei macht.

Nein, das Christentum bringt mir eben gerade Freiheit!

Christus hat uns Freiheit gebracht! Das ist meine tiefe Überzeugung.

Ich arbeite übers Jahr verteilt in diversen integrativen Projekten mit Flüchtlingen. Die Flüchtlingsrouten zeigen den gefühlten Wohnort der Freiheit. Am liebsten fliehen die Menschen aus den Krisengebieten der Erde in Länder mit christlicher Prägung. Sie zeigen damit, was sie von unserer vielgescholtenen «christlich-abendländischen Kultur» halten.

Wir im Westen sind da viel selbstkritischer, wir werten unsere eigene geistesgeschichtliche Prägung ab. In unserem postmodernen Denken hinterfragen wir radikal alles, vor allem aber unser religiöses Erbe.

Wie viele von uns verlieren sich im postmodernen Nihilismus: Ist doch eh alles egal, lass uns feiern und dabei noch ein bisschen gut leben!

Wir müssen uns von östlichen Denkern den Spiegel vorhalten lassen: Vishal Mangalwadi betont, dass aus seiner Wahrnehmung die Bibel das Herzstück der westlichen Zivilisation ist. Er beschreibt in seinem beachtenswerten Werk *Das Buch der Mitte* beispielsweise Technik als angewandte Theologie: Wesentliche technologische Entwicklungen der Neuzeit nahmen ihren Anfang beispielsweise in Klöstern, da Gott als Schöpfer-Vorbild gesehen wurde; und weil der forschende Handwerker sich als Teil der schöpferischen Handwerkskunst Gottes verstand.

Es bildete sich ein gesellschaftliches Milieu heraus, das Mut zum Forschen machte: «Die Bibel ist ein Buch, das zum Nachdenken über das Leben anregt. Dagegen geht es im Buddhismus und Hinduismus nicht darum, seinen Verstand zu füllen, sondern zu leeren, das Denken auszuschalten und [zu] meditieren. […] Die Einzigartigkeit des Westens besteht darin, dass er sich dem Wissenserwerb widmete. Diese Idee kommt direkt aus der Bibel.»[101]

Das Christentum erschuf und erschafft bis heute eine Kultur, in der individualistische Freiheitsrechte – gerade auch im Wissenschaftsbetrieb – enorm großgeschrieben sind. Wenn wir das mit den Rechten in anderen Religionen oder in atheistischen Systemen vergleichen, dann merken wir, dass diese die kollektiven Interessen eher über die Rechte des Einzelnen stellen.

Die Humanisten der Renaissance übernahmen wie selbstverständlich jüdisch-christliche Vorstellungen von der Gottesebenbildlichkeit des Menschen und formten daraus unser heutiges Verständnis von Menschenrechten.

Im 14. und 15. Jahrhundert wendeten sich vor allem die italienischen Denker in ihren Ausführungen zur Menschenwürde gegen den islamischen Fatalismus: Letztlich verleihe die Menschwerdung Jesu dem Menschen seine größtmögliche Würde.

Die Frage nach Freiheit ist im Grunde eine Frage nach dem Herzstück einer jeglichen Kultur: Was halten wir für real?

Wie der Kulturanthropologe Lloyd A. Kwast treffend darlegt, sind Werte und konkrete Handlungen letztlich nur folgerichtige Ergüsse der Tiefenschichten einer Kultur. Also dessen, was wir für wahr und real halten und welche Glaubensüberzeugungen wir daraus ableiten.

Als Christ bin ich davon überzeugt, dass Wahrheit nicht in mir selbst, sondern außerhalb von mir zu finden ist, und zwar in Gott. Diese Wahrheit, die zu suchen und zu finden ist, bildete im Westen für viele Jahrhunderte unser kulturelles Herzstück. Und sie prägte unser Verständnis von Freiheit und deren Umsetzung im Alltag.

Der neue Agnostizismus, der davon ausgeht, dass man eigentlich keine Grundüberzeugungen mehr haben kann, hängt mit seinen Werten und seinem Handeln in der Luft – und das wird über kurz oder lang die Freiheitsrechte des Einzelnen und der Gesellschaft korrumpieren.

Wir können das bei aufmerksamer Beobachtung heute schon feststellen. Die sprachphilosophischen Sandkastenspieler, die über Sprache Wahrheit konstruieren möchten, nehmen enormen Einfluss auf unseren Alltag. *Gender* ist sicher nur die Spitze dieses Eisbergs.

Manchmal gewinne ich den Eindruck, dass hier der Wunsch der Vater des Gedankens ist: Wenn nichts wahr ist, dann brauche ich mir auch von niemandem vorschreiben lassen, was ich zu tun und zu lassen habe. Ich tue, was ich will!

Eine neue Variante des «Gesetzes von Thelema» (Gesetz des Willens), das der Vordenker des Satanismus, der britische Okkultist Aleister Crowley (1875–1947), propagierte.

Welches persönliche Ende dieser hyperindividualistisch-egoistische Lebensansatz dem Einzelnen beschert, lässt sich auch bei Crowley treffend ablesen: Er zerstört schlichtweg.

Vishal Mangalwadi ist sich sicher: Das Aufgeben der Vorstellung von Wahrheit führt zum Auflösungsprozess des Westens. Damit beschreiten wir den Weg von Freiheit hin zur Unfreiheit. Das Christentum mit seiner absoluten Wahrheitsvorstellung, die auf Gott, dem Schöpfer, und seinem Sohn Jesus Christus basiert, schuf aus dieser Grundüberzeugung heraus eine Kultur der individuellen Verantwortung für diese Welt und der individuellen Freiheit in dieser Welt, wie sie keine andere Religion oder Ideologie bisher im Menschen hervorrufen konnte.

Ja, das Christentum schränkt mein Ego ein – und das ist gut so!

Auch davon bin ich tief überzeugt. Wie schon erwähnt, glauben manche Menschen, ernsthafte Christen «dürften» manche Dinge nicht mehr, zum Beispiel Sex haben mit wem und wann man will oder bei der Steuererklärung schummeln.

Die Wahrheit ist: Es ist noch viel schlimmer! Das Christentum schränkt nicht nur ein, sondern Jesus verlangt von seinen Nachfolgern die Bereitschaft, so zu leben, als wenn sie sich selbst gestorben wären: «Da sprach er zu allen: Wer mir folgen will, der verleugne sich selbst und nehme sein Kreuz auf sich täglich und folge mir nach.»[102]

Das ist eine klare Absage an das eigene Ego bis zur bittersten Konsequenz. Jesus selbst lebte es ja vor mit seinem eigenen widerstandslos ertragenen Tod. Folgerichtig hat er auch im Vorfeld gerne ein ganz bestimmtes Bild benutzt, welches in der Agrarkultur des alten Vorderen Orients nur allzu bekannt war: das vom Weizenkorn, das in die Erde fallen muss, um zu sterben, damit Frucht entstehen kann.

Jesus ist nie der Versuchung erlegen, besonders attraktiv sein zu wollen für andere, sondern er hat immer Klartext gesprochen.

Einmal hielt er eine harte Rede für seine Nachfolger, die gekommen waren als seine Fans, weil er vorher 5000 Menschen mit einer wundersamen Brotvermehrung satt gemacht hatte: «Ich weiß, weshalb ihr mich sucht: doch nur, weil ihr von mir Brot bekommen habt und satt geworden seid; nicht weil ihr verstanden hättet, was dieses Wunder bedeutet.»[103]

Ein paar Verse später sagte er: «Ich bin das Brot des Lebens. Wer zu mir kommt, wird niemals wieder hungrig sein, und wer an mich glaubt, wird nie wieder Durst haben.»[104]

Und dann fordert er die Nachfolger auf, sich zu entscheiden: Wer nicht seinen Lebenshunger bei Jesus stillt, wird ewig hungrig bleiben. Eine klare Herausforderung: Es gibt nur Jesus oder nichts. Eine harte Rede. Und so ist auch absolut verständlich, was dann passierte: «Nach dieser Rede wandten sich viele, die ihm gefolgt waren, von Jesus ab und gingen nicht mehr mit ihm.»[105]

Der irische Literaturwissenschaftler und Schriftsteller C.S. Lewis (1898–1963) formuliert das in seinem Buch *Pardon, ich bin Christ* so: «Christus sagt: ‹Gib mir alles. Ich will nicht einen bestimmten Anteil von deiner Zeit, von deinem Geld und von deiner Arbeit. Ich will dich.›»[106]

Jesus fordert dich im Prinzip auf, innerlich zu sterben. Was das heißt, möchte ich dir an einem Beispiel aus meiner Kindheit veranschaulichen:

Ich habe als Kind viele Tote gesehen – mein Vater war Friedhofsgärtner und deshalb regelmäßig in den Leichenhallen, um sie mit Blumen zu schmücken, und ich war oft dabei. Was diese Toten gemeinsam hatten, war das: Es war ihnen völlig egal, wie sie aussehen, schön geschminkt oder hässlich. Es war ihnen egal, was sie anhatten. Es war ihnen egal, wie viel Geld sie auf dem Konto hatten, und es war ihnen sogar komplett egal, ob sie viele Freunde oder wenige hatten. Warum? Sie waren tot.

Wenn du stirbst, gibst du dich selbst und alles, was du hast, endgültig auf. Wünsche, Ansprüche, Erwartungen.

Alles egal. Wenn du tot bist, machst du dir keine Sorgen mehr um dein Leben. Und diese Haltung verlangt Jesus von seinen Nachfolgern.

Aber nicht gezwungenermaßen: Jesus bindet diese Aufforderung zum Sterben an eine freiwillige Entscheidung. Nämlich: Nimm dein Kreuz auf dich. Und er ist bereit, an sich selbst dafür ein Exempel zu statuieren. Er war bereit zu sterben, damit du leben kannst: «Niemand nimmt mir mein Leben, ich gebe es freiwillig»[107], sagte er.

Der Anspruch Jesu ist, wenn wir ihn ernst nehmen, schon sehr herausfordernd. Und Jesus legt sogar noch einmal nach: Er verlangt unser inneres Sterben nicht nur als einmaligen Akt, in welchem wir ihm bloß ein einziges Mal in unserem Dasein unser Leben hingeben, so wie manche Leute sagen: «Entscheide dich für Jesus, dann wird alles gut.» Nein, es reicht nicht, dass wir *ein* Mal unser Leben Jesus anvertrauen – das ist vielmehr erst der Anfang.

Jesus fordert seine Nachfolger wirklich existenziell heraus: «Da sprach er zu allen: Wer mir folgen will, der verleugne sich selbst und nehme sein Kreuz auf sich täglich und folge mir nach.»[108]

Du und ich sollen *jeden Tag* den Tod wählen. Wow. Da fehlen einem die Worte.

Obwohl: Täglich eine Entscheidung zu treffen – in anderen Bereichen ist das für uns selbstverständlich. Als ich vor achtzehn Jahren geheiratet habe, habe ich meiner Frau das Ja-Wort gegeben. Aber dieses eine Mal ist nicht ausreichend, jeden Tag muss ich dieses Ja wiederholen und mit Leben füllen. Es ist ein tägliches Sich-neu-Entscheiden für das, was ich einmal versprochen habe.

In diesem Sinne meint Jesus das auch mit dem täglichen Sterben. Paulus, der erste große Missionar in der

Bibel, hat das kapiert. Er schreibt in seinem ersten Brief an die christliche Gemeinde in Korinth: «Täglich sterbe ich.»[109]

Nur wenn ich bereit bin zu sterben, kann ich leben!

Vielleicht ist der Weg Jesu doch der bessere?

Das ist doch ein Paradoxon, dass etwas sterben muss, damit dasselbe leben kann. Es geht uns nicht in den Kopf. Und doch geschieht es tagtäglich um uns her: beim Schmetterling zum Beispiel.

Die kleine gefräßige Raupe fräst sich durch alles Essbare, was ihr vors Maul kommt. Und dann verpuppt sie sich. Das süße kleine Ding «stirbt» einfach. Und aus diesem Tod entsteht etwas völlig Neues: der Schmetterling. Und doch ist er immer noch derselbe, nur in völlig anderer Gestalt. Er lebt fortan in einem anderen Element: Kroch er bis dato schwerfällig über Zweige, erhebt er nun seine Flügel und erobert die Lüfte.

Und so ist es auch mit der Forderung von Jesus: Wenn wir ihm nachfolgen, muss etwas sterben, damit etwas Besseres leben kann.

Wir erleben das auch noch in vielen anderen Bereichen unseres Lebens: Wenn ich meine Nahrungsaufnahme begrenze, kann ich bestimmte kulinarische Glücksmomente nicht mehr erleben. Aber ich erlebe etwas viel Besseres: mehr Bewegungsfreiheit. Wenn ich mich auf *eine* Frau begrenze, schränke ich mich auch ein. Aber ich erlebe unter Umständen etwas viel Besseres: das Glück einer lebenslangen Liebesgeschichte.

Ich möchte dich herausfordern, doch mal in Erwägung zu ziehen, ob der verlustreiche Weg Jesu am Ende vielleicht doch der bessere sein könnte. Das für mich Beeindruckende: Wenn wir dieses Sterben täglich vollziehen, entdecken wir ein Geheimnis des Glaubens, das uns sonst verborgen bliebe.

Jesus sagte einmal darüber: «Denn wer sein Leben erhalten will, der wird's verlieren; wer aber sein Leben verliert um meinetwillen, der wird's finden.»[110]

Ich glaube: Das Leben, nach dem du dich sehnst, wirst du erst bekommen, wenn du das Sterben gelernt hast.

Das war auch für die Menschen damals sehr herausfordernd. Nachdem nämlich Jesus so eine krasse Aussage gemacht hat, kam kurze Zeit später ein junger Mann auf ihn zu und wollte sein Jünger werden. Er meinte:

«‹Ich will mit dir gehen, ganz gleich wohin.› Jesus antwortete ihm: ‹Die Füchse haben ihren Bau und die Vögel ihre Nester; aber der Menschensohn hat keinen Platz, an dem er sich ausruhen kann.›»[111]

Der junge Mann meinte dieses «Ich will mit dir gehen» nicht wirklich ernst. Und Jesus sagt, in heutigen Worten ausgedrückt: «Okay, ich bin obdachlos – auf geht's!» Da macht der junge Mann einen Rückzieher. So hatte er das nicht gemeint, das war ihm viel zu radikal. Er wollte nur das aus dem Christentum rausnehmen für sich, was ihm so gut gefiel: die Werte, die Liebe und all das Positive.

Erinnert mich irgendwie an meine Lehrerin: «Aus jeder Religion nehme ich nur das Beste.» Klingt so weitherzig, so wissend, so abgeklärt, so ungemein tolerant und offen.

Jesus sagt ganz einfach: «Vergiss es! Ich sage: Ganz oder gar nicht.»

Und wenn wir es genau durchdenken, dann ist das gar nicht so radikal, wie es auf den ersten Blick scheint. Es ist ja genau derselbe Denkansatz, mit dem ich auch meine Ehe lebe. Ich verlange von meiner Frau auch eine klare Entscheidung: Entweder ausschließlich mich, oder ich bin raus! Ich bin doch kein Callboy, den man mieten kann. Ich halte auch nichts von LAG (Lebensabschnittsgefährten). Da geht's mir wie vielen Menschen auf dieser Erde: Ich will der Einzige im Leben meiner Frau sein. Nur so funktioniert das für mich.

Und diese Grundentscheidung hat radikale Konsequenzen für mein ganzes Leben. Im Einzelnen weiß ich noch nicht, was das dann in jeder Entscheidungssituation heißt. Aber ich habe mich dafür entschieden, für mein Liebesleben die Monogamie, also die Ehe mit nur einer Frau, als die einzige denkbare Möglichkeit zuzulassen. Und ich fahre sehr gut damit!

Wenn du ein Nachfolger von Jesus wirst, kann es sein, dass du allen Komfort und alle Bequemlichkeit, die du dir jetzt aufgebaut hast, aufgeben musst – oder sogar willst. Aber du wirst etwas viel Besseres gewinnen. Nämlich *das Leben.*

Wenn du anfängst, an jedem Tag dieses einfache Gebet zu sprechen: «Jesus, nicht mehr, was ich will, soll passieren, sondern was du willst», wird sich sehr vieles ändern. Du wirst die Wahrheit dieses Paradoxons am eigenen Leib erleben: Wer sein Leben über alles liebt, der wird es verlieren, und wer es für Jesus verliert, wird es finden.

Schränkt das Christentum nun ein oder nicht?

Das Christentum schränkt meiner Überzeugung gemäß nicht ein, sondern macht erst wirklich frei. Diese Freiheit ist begründet in dem göttlichen Jesus-Prinzip: Ich will den anderen höher achten als mich selbst.[112] Und ich will Gott an die erste Stelle setzen und ihm vertrauen, dass er mir meinen Platz im Leben zuweist.

Einmal wurde Jesus gefragt, welches das größte Gebot Gottes sei, und er antwortete: «Du sollst den Herrn, deinen Gott, lieben von ganzem Herzen, mit ganzer Hingabe und mit deinem ganzen Verstand.»[113]

Das heißt doch: Gott will emotional und intellektuell deine Nummer eins sein.

Und dann fährt er fort: «Dies ist das erste und wichtigste Gebot. Ebenso wichtig ist aber ein zweites: ‹Liebe deinen Mitmenschen wie dich selbst.›»[114]

In diesem Sinne schränkt das Christentum allerdings ein: Jesus stößt mein «Ich» vom Thron und setzt sich selbst drauf. Das ist ein Sterbeprozess, aber daraus wird sowohl für mich als auch für die Menschen um mich herum wahre Freiheit geboren. Aller Anfang ist schwer, doch ich kann garantieren, es lohnt sich, dem nachzuspüren: Losgelöst vom eigenen «Ich» werden sowohl du als auch ich ein erfüllteres Leben haben.

Okay, vielleicht habe ich dich damit gewinnen können. Würde mich freuen. Manche mögen an dieser Stelle sagen: «Meinetwegen mag ich das Christentum auch als etwas Befreiendes erleben können. Aber du zitierst mir jetzt schon viel zu viele Bibelstellen, mein lieber Immanuel! Was ist denn das für ein blinder Buchstabenglaube? Die Bibel wurde doch auch nur einfach von Menschen geschrieben, die ihrem Glauben Ausdruck gegeben haben. Das kann man doch heute nicht mehr ernsthaft als Wort Gottes im Wortsinn bezeichnen! Da muss man doch den Kopf einschalten!»

Ja, lass uns doch genau das mal machen. Auf geht's!

Hat die Bibel recht?

Vor wenigen Jahren gab es auf politischer Ebene einen neuen Sport für Journalisten: möglichst viele Politiker aufzuspüren, die ihre Titel mit Plagiaten erworben hatten. Und man feierte es, wenn man wieder einen entlarvt und ihn damit politisch aus dem Gleichgewicht gebracht hatte.

Der kleinste Anhaltspunkt genügte, um nachzuweisen: Das hat nicht der Verfasser der Arbeit selbst erdacht, er hat nur abgeschrieben und somit gefälscht. Darauf folgte ein Shitstorm sondergleichen. Bis der Ruf der Person und auch sie selbst völlig ruiniert waren.

Warum macht jemand so etwas? Ich meine jetzt nicht abschreiben, sondern das Aufspüren und «Bashen» der Bösewichte: Sind es politische Motive? Will sich jemand selber profilieren? Ist es Sensationsgier? Ich kann mir nur schwer vorstellen, dass unsere lieben Griffelspitzer so ganz reine Motive hatten bei der Sache.

Bei der Bibel wird dieses Bashing nun schon seit zweihundert Jahren exzessiv betrieben. Sehr erfolgreich – jedes noch so kleine Anzeichen wird ausgeschlachtet, um nachzuweisen: «Das stimmt doch gar nicht! Das wurde doch dort und dort geklaut und abgekupfert!» Es wird so lange auf der Bibel herumgedroschen, bis ihre Glaubwürdigkeit im Keller ist ...

Nur dass nicht die spitzbübischen Journalisten auf der Jagd nach der großen Schlagzeile sind, sondern es sind die studierten Theologen, die an dem Ast sägen, auf dem sie selbst sitzen. Man hat fast den Eindruck, dass viele westliche Theologen mittlerweile folgendermaßen an die Bibel rangehen: Was da steht, kann ja schon mal nicht stimmen, also wie war es denn nun wirklich? Und das höhlt den Kern der christlichen Botschaft Stück für Stück aus.

Jesus war nämlich davon überzeugt, dass die Frage nach der Wahrheit zur Grundlage des christlichen Glaubens gehört: «Die Wahrheit wird euch frei machen»[115], sagt Jesus und meint damit sich selbst!

Das ist übrigens eine der Aussagen Jesu, die für alle möglichen Sozialverbesserungen benützt und umgebogen wurde: gegen Diktaturen, für mehr Demokratie, für Befreiung von allem möglichen Übel. Das ist auch aus unserer aufgeklärten Sicht überhaupt kein Problem.

Warum haben wir aber kein Problem damit, so eine Aussage Jesu aus dem Zusammenhang zu reißen und dort anzuwenden, wo wir es gerade gut gebrauchen können? Eben: Weil wir es gar nicht als echtes Jesus-Wort ansehen.

Denn: Wer weiß schon, was dieser *wirklich* gesagt hat?!

Dabei ist es gerade der Denkansatz Jesu, dass die Frage nach Wahrheit existenzielle Bedeutung hat: «Ich bin die Wahrheit»[116], sagt Jesus und legt damit die Latte ganz schön hoch.

Und so möchte ich einmal an dieser Stelle der Frage nachspüren: Kann ich die Bibel als Wahrheit Gottes sehen? Oder ist das alles nur ein Märchen? Oder muss ich hier den vielgerühmten Mittelweg nehmen?

Ein Blick in die Vergangenheit

Viele hundert Jahre lang wurde die Glaubwürdigkeit der Bibel kaum angetastet. Innerhalb der Christenheit waren es lediglich einige Außenseiter, die den Wahrheitsgehalt der Bibel ernsthaft infrage gestellt haben. Und diese wenigen Außenseiter wurden kaum ernst genommen.

Gerade in den ersten Jahrzehnten und Jahrhunderten nach Christus waren die Augenzeugen und ihre Berichte ja noch bekannt. Oder man hatte zumindest einen persönlichen Bezug dazu: Man kannte einen, der einen kannte … usw., der das noch erlebt hatte.

Dann gab es eine erste große Wende im Mittelalter, als die Kirche immer politischer wurde und anfing, eine Funktion einzunehmen, die so überhaupt nicht geplant war: Die Theologie gebärdete sich nämlich als Grundlage aller Wissenschaft. Der Glaube wurde dem Verstand übergeordnet.

Das änderte sich mit der sogenannten Hochscholastik im Spätmittelalter: Der Verstand und überhaupt das Denken gewann wieder mehr an Bedeutung. Der vielleicht bedeutendste Theologe der Hochscholastik, Thomas von Aquin (1225–1274), machte die Unterscheidung zwischen Theologie und Philosophie in der wissenschaftlichen Arbeit erst möglich. Damit war eine erste Weiche gestellt, Glauben und Denken zu trennen. Aber noch immer war der Glaube das bestimmende Element.

In der Folge gab es viele Reformbemühungen innerhalb der Kirche, die die Herrschaft der Kirche über jeden Bereich des Lebens, des Sterbens und Forschens der Menschen aufbrechen wollten, aber sie wurden unterdrückt.

Bis ein Deutscher seinen Reformwillen nicht mehr unterdrücken konnte und wollte: Martin Luther wollte sich frei machen von dem vorgekauten Denken der Kirche. «Back to the roots», so hieß seine Devise: Jeder Christ ist selbst fähig zu denken!

Und viele haben diese Freiheit genossen, haben mitgemacht, haben sich aufgelehnt. Bis es schließlich zum Kampf kam zwischen den katholischen Traditionalisten und den progressiven Protestanten.

Das Ganze wurde auch zu einem innerkirchlichen Prozess, der letztlich der katholischen Kirche sogar gutgetan hat. Denn sie musste sich in der Folgezeit ebenfalls ein Stück weit reformieren (ich denke an das Zweite Vatikanische Konzil u. ä.).

Luther hat damit – quasi nebenbei – einen Prozess angestoßen, dessen Ende er so vermutlich überhaupt nicht gewollt hat; manche haben nämlich gleich radikal das Kind mit dem Bade ausgeschüttet: «Wenn schon die Bevormundung der Kirche abgeschüttelt wird, dann räumen wir gleich mit dem ganzen Glaubensding auf!»

Das Denken erlebte seine Blütezeit. Es findet einen verdichteten Höhepunkt in einem Ausspruch, der dem englischen Philosophen Francis Bacon (1561–1626) zugeschrieben wird: «Wissen ist Macht!» Ein Slogan, den wir so auch noch heute tradieren. Der Glaube an Gott geriet neben dieser Macht immer mehr in den Hintergrund.

Die sogenannte Aufklärung – anfangs noch von gottesfürchtigen Menschen betrieben – wurde mehr und mehr unterwandert von gotteskritischen Menschen. Es kam zum sogenannten Rationalismus: Alle «allgemeingültigen Wahrheiten» mussten sich am Ende des 17. Jahrhunderts der Vernunft der Aufklärung unterordnen.[117] Letztlich sollte sich eben alles an der Vernunft messen lassen.

In der Geisteswissenschaft kam der Deismus auf. Dieser schloss ein Eingreifen Gottes in den Weltlauf kategorisch aus. Klar: Gott gibt es – auch bei den Deisten. Aber sie meinen: Er geht mit uns um wie ein Kind, das mit Murmeln spielt – einmal angestoßen, verändert er den Lauf der Dinge nicht mehr. Die Folge? Keine Wunder, keine Offenbarung, nichts Metaphysisches in dieser Welt.

Wir fangen auf einmal an zu denken: Man kann doch eigentlich gar nicht wissen, was wahr ist, oder? Mehr noch: Wer Wahrheit für sich in Anspruch nimmt, ist intolerant! Der Glaube an «das Gute im Menschen», den schon Thomas von Aquin mit seinem Reden vom «göttlichen Funken im Menschen» vordachte, hat Hochkonjunktur. Man ist froh, die biblische Erbsündenlehre endlich abschütteln zu können: Der Humanismus wird geboren.

Eigentlich seltsam, nach den schrecklichen Religionskriegen noch an das Gute im Menschen zu glauben. Vielleicht ein letzter Strohhalm, frei nach dem Motto: Es darf nicht sein, was offensichtlich ist!

Bis dieses ganze Setting auch die Theologie erfasste, war es eigentlich nur noch eine Frage der Zeit. Hermann Samuel Reimarus (1694–1768), Gymnasialprofessor für orientalische Sprachen in Hamburg, verfasste die nach ihm benannten Reimarus-Fragmente, die sich unter anderem deutlich gegen die biblischen Lehren richteten. Er selbst hatte noch nicht den Mut, sie zu veröffentlichen, aber sein Bewunderer Gotthold Ephraim Lessing (1729–1781) holte dies unter dem Titel *Fragmente eines Wolfenbüttelschen Ungenannten* nach.

Dieses Werk verursachte den «Fragmentenstreit», die wohl größte theologische Kontroverse im Deutschland des 18. Jahrhunderts. Einer der unerhörten Stolpersteine dieser Schrift war die Aussage, «... dass der Beweis aus der Schrift für die Auferstehung Jesu vor dem Richterstuhl der gesunden Vernunft in Ewigkeit nicht bestehen könne.»[118]

Aha: Die Vernunft ist der Richter. Der Glaube ist der Angeklagte. Wie ein Dammbruch folgten nun die Konsequenzen einer solchen Aussage: Mehr und mehr fand man Gefallen daran, die Bibel zu kritisieren und zu zerpflücken.

Johann Salomo Semler (1725–1791) – er gilt als «Vater» der historisch-kritischen Bibelwissenschaft – betonte 1771 als Erster eine «freie Untersuchung des Kanons»[119].

Diese kritische Auseinandersetzung mit der Bibel – manchmal lapidar «Bibelkritik» oder «liberale Theologie» genannt – begann mit dem Alten Testament (AT) und griff erst später aufs Neue Testament (NT) über. Mose wurde gegen die Selbstaussage der Mosebücher als Verfasser derselbigen geleugnet. Man suchte nach unterschiedlichen literarischen Schichten, aus denen die Bücher nun zusammengesetzt sein könnten. Und man fand heraus, dass 1. Mose 1 und 2 in den beiden Schöpfungsberichten unterschiedliche Verfasser haben mussten, denn Stil und Gottesname waren ja unterschiedlich.

Ende des 18. Jahrhunderts haben wir diese Gedanken dann erstmals auch in der Theologie. Der Orientalist und Historiker Gottfried Eichhorn (1752–1827) unterschied beim Textkomplex 1. Mose 1 bis 2. Mose 2 als Urheber der Quellen einen vormosaischen Elohisten (benannt nach der Verwendung des Gottestitels «Elohim» im Text) und einen nachmosaischen Jehowisten (benannt nach der Verwendung des Gottesnamens «JHWH» im Text). Zusätzlich seien Text-Fragmente anderer Autoren dazwischengeflickt worden, so Eichhorns These.

Im 19. Jahrhundert entstand dann die Fragmentenhypothese, die einen zusammenschusternden Redaktor lauter einzelner voneinander unabhängiger Fragmente vermutete.

Infolgedessen kam die Ergänzungshypothese auf, die von einer «elohistischen Grundschrift» ausging, die durch «jahwistische Schriften» ergänzt worden sei. Viele andere hätten das überarbeitet, so dass man das heute nicht mehr auseinanderdröseln könne.

Wir befinden uns nun im Jahr 1840.

Bei aller Liebe zu wissenschaftlichem Arbeiten habe ich schon während meines Theologiestudiums nie verstanden, wieso man einem Verfasser nicht unterschiedliche Schreibstile und die Nutzung unterschiedlicher Gottesnamen zutraut.

Wenn ich meiner geliebten Frau zwei Nachrichten innerhalb von einer Stunde schreibe, kann die eine triefen vor Poesie und die andere eine sachliche Arbeitsmail sein. Ach was, das geht sogar in einer einzigen Mail!

Doch diese literarische Meisterleistung hat man den biblischen Verfassern nicht zugetraut. Mose war ja lediglich am Hof des Pharaos in Ägypten aufgewachsen. Dem damals führenden Wissenschafts-Kulturzentrum. Man verzeihe mir den Sarkasmus. Es ist eben unfassbar für mich.

Aus diesen ganzen Vorgedanken entstand die moderne Quellenscheidungstheorie. Der deutsche evangelische Theologe und Orientalist Hermann Hupfeld (1796–1866) zum Beispiel teilte den Elohisten in E1 und E2 ein, heute P (= Priesterschrift) und JE (Jahwist & Elohist = JE); und als späteste Schicht D (= Deuteronomist).

Der große Julius Wellhausen (1844–1918) datierte 1876 schon die einzelnen redaktionellen Schichten in J = 850 v. Chr; E = 750 v. Chr; 650 v. Chr verschmolzen zu JE. Die Priesterschrift P = 6./5. Jh. v. Chr; D wurde 621 v. Chr. unter Josia «gefunden» und damit als Fälschung entlarvt.

Die Wissenschaft trug wilde Blüten. Kritische Nachfragen, wie zum Beispiel, dass P und E den gleichen Gottesnamen benutzten oder E und J sich in Stil und Wortschatz sehr ähnlich sind, konnte man aushebeln mit dem klugen Verweis auf spätere Redaktoren, die alles wieder harmonisiert hätten.

Mir schien und scheint das alles nach wie vor ein pseudowissenschaftliches Jenga-Spiel zu sein, bei dem man keinen Stein mehr rausziehen kann aus Angst, dass alles zusammenbricht.

Fazit: Unser heutiger Ist-Stand besagt, dass die Mosebücher nicht von Mose stammen, obwohl die Bücher sich selbst als von Mose geschrieben darstellen. Jesaja soll von mindestens drei verschiedenen Autoren geschrieben worden sein. Die meisten AT-Bücher sollen sowieso erst in der Babylonischen Gefangenschaft entstanden sein – als abgrenzende Antwort auf die Gefahr, die jüdische Religion und Identität zu verlieren.

Im NT gestaltete sich alles erst mal etwas vorsichtiger, weil klar war, dass man damit am offenen Herzen des christlichen Glaubens operierte. Aber auch da wurde «herausgearbeitet», dass die Jungfrauengeburt Jesu und auch die Auferstehung Jesu zuerst eine dogmatische Lehre darstellten und dann später als erzählende Legende nachträglich in die Bibel eingefügt wurden – zur Untermauerung.

Also ganz im Stile der *self-fulfilling prophecy.* Als wenn die Leute sich damals von Geschichten hätten überzeugen lassen. Die waren doch nicht dümmer als wir! Sie wollten genauso überzeugt werden durch Tatsachen und Augenzeugenberichte wie du und ich heute. Besonders weil das alles so unglaublich war: Eine Jungfrau kriegt ein Kind, ein Toter wird lebendig. Meine Güte – das glaube ich doch nicht einfach nur, weil mir jemand eine Story erzählt. Das glaube ich nur einem, der dabei war. Einem Augenzeugen!

Man versuchte Kriterien zu erstellen, wie man unterscheidet, was nun tatsächlich reale Geschichte und was Legende ist. Dabei hatte jeder eine andere Idee, was dafür die Kriterien sein dürften. Supersubjektiv, wie zum Beispiel: «Alles, was sich nach Amt, Kirche und rechtmäßiger Lehre anhört, ist Legende.» Das könne nur in den Text gekommen sein, um eine Kirche in späterer Zeit nachträglich zu legitimieren.

Da frage ich mich: Wieso? Woher sollen die das wissen?

Oder: «Nur die Worte von Jesus sind glaubwürdig, nicht Erzählungen über ihn.»

Wieso, bitte schön, das?

Oder: «Alles, was bei Matthäus vorkommt, das nicht auch bei Markus als frühestem Evangelisten steht, ist nicht echt.»

Wieso? Hat sich das Matthäus alles ausgedacht? Warum sollte er? Wer hätte ihm geglaubt?

Und wieso hat eigentlich damals niemand dagegen aufbegehrt, wenn das so klar war?

Mir ist schleierhaft, wie sich diese subjektiven Kriterien im wissenschaftlichen Diskurs durchsetzen konnten. Wie man innerhalb von wenigen Jahren Forschung und Lehre von 1800 Jahren selbstgerecht über Bord kippen konnte.

Klaus Berger (*1940), Theologieprofessor in Heidelberg, schreibt dazu im Rückblick auf das universitäre theologische Arbeiten den bezeichnenden Satz: «Kurzum: Die genannten Kriterien sind Quatsch. Sie werden nach Geschmacksurteilen erstellt ...»[120]

Beispielsweise soll die Gottessohnschaft Jesu erst nachträglich eingeführt worden sein – wegen der erlebten Oster-Erfahrung der Jünger. Dabei ist dieses Motiv schon von Anfang an da: Bei der Taufe Jesu hören Hunderte, vielleicht Tausende von Zeugen: «Du bist mein lieber Sohn.»[121] Sie hätten dem doch später widersprechen können, wenn das erfunden gewesen wäre.

Oder bei der Verklärung Jesu: «Dies ist mein lieber Sohn.»[122] Die Dämonen rufen: «Du bist Gottes Sohn.»[123] Gabriel zu Maria: «Dieser wird Sohn des Höchsten heißen.»[124] Petrus: «Du bist Christus, der Sohn des lebendigen Gottes.»[125] Die Jünger nach der Sturmstillung: «Du bist wirklich Gottes Sohn.»[126] Das sind erdrückende Zeugenaussagen, die an vielen Stellen hätten angegriffen werden können, wenn sie nicht Tatsachen wiedergegeben hätten.

Eine andere Denklinie nennt sich *vaticinia ex eventu:* Alle Weissagungen Jesu, etwa über sein Ende oder die Zerstörung Jerusalems, seien ihm nachträglich in den Mund gelegt worden.

Klar, wenn somit alle Geschichten der Bibel keine Tatsachen mehr sein sollen, sind sie am Ende nicht mehr als eine schöne Idee.

Allerdings ist es nur sehr schwer vorstellbar, in einer denkbar ungünstigen Ecke der Welt in einem unterdrückten Volk die Idee vom Christentum zu gebären, die im Widerspruch zu allem stand: zur eigenen Religion (dem Judentum), zu dem römischen Kaiserkult und zu dem umgebenden Polytheismus. Eine reine Idee oder nachchristliche Fantasy-Story hätte vermutlich nie die Chance gehabt, sich durchzusetzen. Sie wäre auf dem Markt der Möglichkeiten schlichtweg untergegangen: als «Fake News» entlarvt.

Nein, die Argumente der sogenannten historischen Kritik können nicht überzeugen. Dennoch bieten kluge Menschen jedes Jahr um Weihnachten herum in «Spiegel», «Stern» und Konsorten neue Enthüllungsstorys über Lug und Trug der Bibel an.

Nachdem dann Jesus bereinigt wurde von allen Dichtungen, bleibt nur noch ein Ökosandalen-Träger, der durch seine edlen Ideen ein bisschen die Welt verbessern wollte.

Du merkst: Ich bin kein Freund dieser Art und Weise, mit dem «historischen Dokument Bibel» umzugehen. Mit den anderen Dokumenten der Antike tun wir das meines Wissens auch nicht.

Um zu so einem Paradigmenwechsel im Umgang mit der Bibel zu kommen, sind gewisse ideelle Vorentscheidungen getroffen worden, die wir von der Aufklärung her verstehen müssen.

Erste Entscheidung: *Wunder im metaphysischen Sinn gibt es nicht!* Das heißt, alle Voraussagen, welche von Dingen sprechen, die man zum Zeitpunkt der Prophetie nicht wissen konnte, müssen dem Autor erst nach Eintreffen der Situation in den Mund gelegt worden sein.

Prominentes Beispiel: Die Zerstörung Jerusalems, die 70 n. Chr. geschah, aber schon vorher von den drei synoptischen Evangelisten als Aussage Jesu festgehalten wurde. Es darf doch nicht sein, dass Jesus das schon vorher gewusst hat!

Die Grundlage für dieses Denken ist der ideologische Rationalismus: Nur was mit dem Verstand erfasst werden kann, ist wirklich. Alles Nichtrationale ist auszuschalten. Danke an die Aufklärung, die – vielleicht wohlmeinend – hier das Kind mit dem Bade ausgeschüttet hat.

Heute, am Ende der Moderne, lassen sich Menschen von den Missionaren des Rationalismus nicht mehr weismachen, dass es nichts Übernatürliches gäbe. Wir wissen, dass die mechanistische Weltsicht der Aufklärung nicht zu halten ist. Kunst und Musik allein vermitteln uns ja schon das Gefühl: «Da muss mehr sein als das, was ich analysieren kann!»

Zweite Vorentscheidung: *Die Fähigkeit, objektive Geschichte zu schreiben, hat sich erst jüngst entwickelt.* Die Autoren damals wollten nur Geschichten schreiben, keine objektive Geschichte festhalten.

Das ist nun ein Hochmut à la: «Wir wissen heute alles besser als die Leute von damals.»

Dieser Hochmut speist sich wiederum aus den Gedanken des Sozial-Evolutionismus (alles entwickelt sich stets höher) und des Kolonialismus (wir Europäer sind die klügeren Menschen) der Neuzeit.

Dabei ist nur schon das innerbiblische Zeugnis so deutlich. Der Mediziner Lukas (ein Wissenschaftler!) schreibt doch extra in seiner Einleitung zum Lukas-Evangelium: «Da es nun schon viele unternommen haben, Bericht zu geben von den Geschichten, die sich unter uns erfüllt haben, wie uns das überliefert haben, die es von Anfang an selbst gesehen haben und Diener des Wortes gewesen sind, habe auch ich's für gut gehalten, nachdem ich alles von Anfang an sorgfältig erkundet habe, es für dich, hochgeehrter Theophilus, in guter Ordnung aufzuschreiben, auf dass du den sicheren Grund der Lehre erfährst, in der du unterrichtet bist.»[127]

Deutlicher kann man das eigentlich nicht ausdrücken, dass man nicht nur eine halbwegs interessante Geschichte erzählen will, oder? Das Denken, dass alles immer besser wird und sich höher und höher entwickelt, müsste eigentlich mit den beiden Weltkriegen gestorben sein. Und dass wir heute angeblich objektiver schreiben, ist ein Treppenwitz der Geschichte. Dazu müssen wir nur mal aufmerksam die Schulbuch-Bereinigung der letzten Jahre seitens der beinahe «missionarischen» Gender-Ideologen verfolgen.

Sind wir vielleicht gar weniger objektiv und mehr ideologisiert als viele Kulturen vor uns? Ein Schelm, wer so was auch nur denkt.

Es bleibt: Die Bibel kann nicht einfach nur eine Legenden-Sammlung sein: Dazu ist sie viel zu früh entstanden – etwa 30 bis 40 Jahre nach den Ereignissen, was die ersten Evangelien betrifft. Legenden brauchen mehrere Generationen, bis sie entstehen. Es lebten noch Augenzeugen, die man fragen konnte, als die Evangelien aufgeschrieben wurden.[128]

Außerdem sind die Berichte viel zu detailliert. Legenden erzählen in groben Zügen, und sie erzählen nur, was für die Geschichte wichtig ist. Die Bibel erzählt Sachen, die für die große Story nicht notwendig wären. Eben, weil die Augenzeugen sich daran noch erinnert haben.

Dogmatische Vorentscheidungen aus der Folgezeit der Aufklärung zwingen uns Nachwuchs-Theologen in solch ein starres nur-inner-weltliches Denkschema. Die kritische Theologie nennt sich selbst gerne «liberale Theologie», weil sie sich liberal, also «frei», wähnt – sie ist aber erstarrt in einem konservierten Denken der Aufklärung. Sie entwickelt sich nicht weiter und ist nicht offen gegenüber Dingen, die unseren Erlebnis- und Denkhorizont übersteigen.

Fazit: Ich habe in diesem Kapitel versucht, mich dem Thema des biblischen Wahrheitsgehaltes denkerisch und – zugegebenermaßen – auch etwas ironisch zu nähern. Aber eigentlich ist das die falsche Herangehensweise. Sie greift zu kurz. Unser Denken in Westeuropa, unsere Vorstellung von mathematischer Rationalität und Wahrheit wurde geschichtlich von der griechischen Logik geprägt, die über die römische Kultur ihren Eingang in unsere heutige Denkweise gefunden hat.

Interessant ist, wie sich Jesus dieser Denkweise gegenüber verhält. Im Johannes-Evangelium, Kapitel 18, wird uns das letzte Gespräch zwischen Jesus und dem römischen Statthalter Pontius Pilatus geschildert – dem Mann, der ihn verurteilte. Jesus sagt dort: «Ich bin dazu geboren und in die Welt gekommen, dass ich die Wahrheit bezeugen soll. Wer aus der Wahrheit ist, der hört meine Stimme.» Spricht Pilatus zu ihm: «Was ist Wahrheit?»[129]

Diese Gegenfrage von Pilatus war typisch griechisch: Wahrheit muss doch etwas Abstraktes und Sachliches sein!

Kommt uns dieses Denken bekannt vor? In diesem Sinne hat sich auch die historisch-kritische Bibelauslegung der Wahrheitsfrage genähert. Vom menschlichen Verstand her. Und hat diesen Verstand der Bibel klar übergeordnet. Und damit so viel kaputt gemacht – was wirklich nicht nötig gewesen wäre.

Der einst selbst historisch-kritisch lehrende Professor für Neues Testament, Klaus Berger, kommt am Ende seiner Lehrlaufbahn zum Fazit: «Die historisch-kritische Exegese der letzten 200 Jahre hat alles Porzellan im Haus der Christenheit zerschlagen, bis hin zur letzten Blumenvase. [...] Sie hat viele Theologiestudierende zum Abbruch ihres Studiums gebracht und lieferte vielen Menschen wohlfeile Argumente, um aus der Kirche auszutreten. Sie hat den Atheismus gefördert und die Spaltung der Kirchen nicht gelindert, sondern auf ihre Weise fortgesetzt. Sie hat stets den kritischen Verstand befeuert und vermutlich niemanden zum Christentum bekehrt.»[130]

Und er empfiehlt, dass wir uns in der Auslegung viel stärker dem biblischen Text unterordnen dürfen und sollen. Nicht unser Verstand ist eben das Maß aller Dinge. Ich denke, das haben wir in der «Postmoderne» jetzt verstanden.

Wie einmal die Mecklenburger Dichterin Gertrud von le Fort (1876–1971) es ausdrückt bzw. die Kirche sagen lässt: «Ich will euer Herz zur Freiheit aufrichten wider alle Sklaven der Vernunft!»[131]

Auch wir Vernünftigen sind Geschöpfe eines Vernünftigen, der über unserer Vernunft steht – Gott selbst. Nicht die Vernunft ist Regent, sondern der Schöpfer der Vernunft.

Zurück zu Pilatus: Richtiger wäre gewesen, er hätte gefragt: «*Wer* ist Wahrheit?»

Sie stand nämlich vor ihm: Jesus. Er sagte von sich selbst: «Ich bin der Weg und die Wahrheit und das Leben; niemand kommt zum Vater denn durch mich!»[132]

Ja, ich bin überzeugt davon, dass die Bibel Wahrheit *ist* und sie nicht nur *enthält,* weil Augenzeugenberichte vorliegen und historische Tatsachen dafür sprechen. Nein, sie ist vor allem auch deshalb Wahrheit, weil ein Größerer als innerer Chefredaktor hinter ihr steht: Gott höchstpersönlich, der Wahrheit ist und selbst nicht lügen kann. Die Bibel sagt dies selbst im 2. Timotheusbrief: «Die ganze Heilige Schrift ist von Gott eingegeben.»[133]

An der Stelle will ich dich als Leser ermutigen, deine Zweifel und deine Zurückhaltung abzulegen und den Sprung in den Glauben zu wagen. Du kannst der Bibel vertrauen. Sie führt dich in die Wahrheit Gottes ein. In ihr begegnet dir Gott selber, der Wahrheit ist und Wahrheit in dein Leben bringen will.

Es lohnt sich für dich, sich auf den Weg zu machen, diese Wahrheit zu entdecken und zu erforschen. Gott höchstpersönlich wartet letztlich auf dich! Aber natürlich kannst du dem auch entfliehen.

Dazu wieder Klaus Berger: «Die mäkelnde Exegese[134] ermöglicht es uns, immer wieder neue Ausflüchte zu erfinden, um nicht zugreifen zu müssen und uns einladen zu lassen, die notwendige Speise zu genießen.»[135]

Wage das Abenteuer, dich auf die Reise ins Innere des Glaubens zu machen und in der Bibel tausendmal mehr zu sehen als bloß ein Geschichtenbuch oder ein historisches Dokument.

Der mutige Hitler-Gegner im Dritten Reich, der Theologe Dietrich Bonhoeffer (1906–1945), bezog wie viele andere Gesinnungsgenossen seine Widerstandskraft für das Aufbäumen gegen den Diktator aus der Bibel:

«Ich glaube, dass die Bibel allein die Antwort auf all unsere Fragen ist. Sie wird mir täglich wunderbarer. Es bleibt also nichts als die Entscheidung, ob wir dem Wort der Bibel trauen wollen wie keinem anderen Wort im Leben und im Sterben. Und ich glaube, wir werden erst dann recht froh und ruhig werden können, wenn wir diese Entscheidung getroffen haben.»[136]

Genug der Worte über die Bibel. Sie spricht viel besser für sich selbst.

Noch haben wir uns bisher mehr auf der Ebene einer sachlichen Argumentation bewegt: Was spricht für oder gegen die Bibel, für oder gegen den Glauben?

Wenn du es so lange ausgehalten hast bei dieser Lektüre, dann hast du wahrscheinlich noch tiefer greifende Fragen, sobald du dich dem christlichen Glauben annäherst. Fragen, bei denen es um das Leid in der Welt und in deinem eigenen Leben geht. Fragen nach den Rändern unserer Existenz: Gibt es eine Ewigkeit? Gibt es einen Schöpfergott, der sich nicht nur um das ganze Universum kümmert, sondern sich auch ganz persönlich um jeden einzelnen Menschen sorgt und bemüht?

Ich möchte dich einladen, mit mir in den dritten großen Gedankengang zu gehen. Mit mir Fragen zu stellen, die wirklich ins Herz unseres Seins treffen. Fragen, die man nicht mehr nur sachlich abhandeln kann, sondern die so eng mit meinem und deinem Sein verknüpft sind, dass wir sie nur ganz persönlich beantworten dürfen.

Teil 3

Existenzielle Fragen, die jeder hat

Warum lässt Gott das zu?

Manchmal trifft uns ganz persönlich Leid. Mir ging es vor einiger Zeit mal an einem Wochenende massiv so, dass ich dachte, ich gehe unter:

Ich hatte zwei ziemlich anstrengende Arbeitswochen während der Pfingstferien hinter mir und freute mich eigentlich darauf, endlich einmal ein bisschen ausspannen zu können, nachdem ich sechzehn Stunden täglich gearbeitet hatte. Dummerweise hatte ich mir am Ende dieser «Ferienzeit» samstags den Tag eingeplant, um Holz zu zerkleinern für unseren Holzofen. Es regnete sehr stark, was das Gefahrenpotenzial erheblich erhöhte.

Bei dieser Aktion hackte ich mir mit dem Beil in den Fuß, nicht schlimm, aber es blutete schon heftig. Als ich noch meine Wunden behandelte, rief meine Frau mich an, dass in unserem Keller Hochwasser stehen würde. Ich bin dann sofort nach Hause gefahren, um den Schaden zu beheben und meine Kleider zu waschen – da gab unsere High-Tech-Waschmaschine nach dreizehn Jahren ihren Dienst auf. Natürlich an einem Tag, an dem wir mit unserem guten halben Dutzend Kinder Riesenberge von Wäsche zu waschen hatten.

Es blieb mir nichts anderes übrig, als loszugehen und so schnell wie möglich eine neue Maschine zu kaufen. Bei der Eile, im Elektrohandel ein Gerät zu erstehen, kam ich dem Auto einer netten Dame zu nahe – und habe ihren Spiegel weggebrochen.

Frustriert und müde sind wir abends ins Bett gefallen und haben auf einen besseren Tag gehofft. Aber am nächsten Morgen, als meine Frau etwas aus dem Küchenschrank holen wollte, fiel dummerweise ein Glas herunter, landete direkt auf unserem Herd und zerstörte die Glasoberfläche.

Innerhalb eines halben Wochenendes waren unser Konto und unsere persönliche Belastbarkeit über ihre Grenzen gebracht worden. Heute können wir darüber lachen und es als Anekdote à la «Murphys Gesetz» verbuchen, aber in dem Moment war uns nicht nach Lachen zumute. Und ganz ehrlich: Im Vergleich zu dem, was manche von uns zu tragen haben, ist das ja auch fast gar nichts.

Mit fünfzehn Jahren habe ich bei einem Autounfall meinen gleichaltrigen Cousin verloren. Er war der Zweitgeborene von sieben Kindern, die Stütze seiner Eltern – während der Erstgeborene als geistig Behinderter eher eine massive Herausforderung für sie darstellt. Diese Familie hat eine Last zu tragen, und sie tut das in bewundernswerter Weise.

Menschen, die sterben, Naturkatastrophen, die passieren, Eltern, die sich trennen und verletzte Kinderseelen hinterlassen: Warum lässt Gott das zu? Warum verhindert er das nicht, wenn er das doch kann?

Und wenn wir schon dabei sind: Warum gibt es so viel Böses in dieser Welt? Wie kann ein guter Gott so etwas geschehen lassen, ohne zu handeln und alles zum Guten zu wenden?

Wie ein kritischer Journalist mal nach einer Katastrophe in einer amerikanischen Zeitung sinngemäß formulierte: «Entweder gibt es Gott nicht, oder es gibt ihn und er kann oder will nicht eingreifen. In beiden Fällen ist das das Ende des guten Gottes!»

Der Gott der Liebe und das Leid in der Welt – das miteinander zu vereinbaren, ist für viele ein großes Problem. Auch für mich. Die Theologie hat diesem Konflikt einen

Namen gegeben: die «Theodizee-Frage». Übersetzt: Die Rechtfertigung Gottes angesichts des Leides in dieser Welt. Sie ist besonders populär in den Medien und am Stammtisch nach irgendwelchen Katastrophen: Wo warst du, Gott? Wo, bitte sehr?!?

Interessanterweise fragt man das nach meiner Beobachtung vor allem im Westen, dem es ja gut geht im Vergleich zu den armen Ländern dieser Erde. Diese klammern sich in ihrem täglichen Leid mehrheitlich an (irgendeinem) Gott fest. Vielleicht der bessere Weg als unsere vorwurfsvollen Diskussionen am grünen Tisch. Aber ich will es nicht vorschnell wegwischen, denn es gibt keine einfache Antwort auf diese schwierige Frage.

Auch bei uns ist sie tatsächlich für manche eine persönliche Realität: Deine Mutter oder dein Vater ist vielleicht viel zu früh gestorben. Eine Freundin hat eine tödliche Krankheit. Du selbst siehst über all dem Bösen, das dir widerfährt, nicht mehr, wie Gott ein guter Gott sein kann, und du schreibst ihn vielleicht völlig ab: «An so einen Gott mag ich nicht glauben!»

Viele Philosophen und Theologen haben in der Vergangenheit und Gegenwart versucht, das Problem zu lösen, mit mehr oder weniger großem Erfolg. Jahrhundertelang war zum Beispiel die «Privationstheorie des Bösen» populär, also: Böses wurde als «Mangel an Gutem» gedeutet, um ihm damit den Stachel zu nehmen. Diese theoretische Wortklauberei, die erlebtes Leid nicht wirklich ernst nimmt, bekam erst im 17. Jahrhundert den letzten Todesstoß.

Der Philosoph Gottfried Wilhelm Leibniz (1646–1716) ersann damals die Erklärung, dass Leid ganz einfach zu dieser Erde, die er als «bestmögliche aller Welten» bezeichnete, gehöre. Gott habe diese Welt so geschaffen, wie sie sei. Und Gott mache keine Fehler. Das Böse und das Leid bedeuten nicht die Abwesenheit von Gutem, sondern es gäbe sie zu einem bestimmten, von Gott ersonnenen Zweck – unter anderem als notwendigen Kontrast zum Guten und Positiven in dieser Welt.[137]

Auch dieses Gedankenspiel kann zwar einleuchten, hilft aber Menschen, die im Leid drinstecken, nicht wirklich.

Manche sehen im Leiden eine Möglichkeit zur Höherentwicklung, zur Reifung des Menschen. Fast ein evolutionstheoretisches Gedankenkonstrukt! Das mag mit Einschränkung für manche Menschen wirklich gut sein. So wie eine pädagogische Konsequenz als persönliches Leid Besserung hervorbringen kann, so kann sicher auch Leiden in einem größeren Sinn solches bewirken.

Aber auch dieses Argument stößt an Grenzen, etwa beim Leiden von kleinen Kindern; oder überhaupt, wenn im Leid der Tod eintritt, was niemals zur Verbesserung der persönlichen Zukunft auf dieser Welt beiträgt. Allenfalls zur Verbesserung der Zukunft der Spezies Mensch.

Andere sehen in der Freiheit des Menschen zur Entscheidung zum Guten beziehungsweise Bösen den Grund für das Leid oder argumentieren: «Gott hat sich zurückgezogen, weil die Menschen ihn ablehnen.» Ein Gedankenspiel, das auch nicht unbedingt überzeugt.

Alle diese Erklärungsversuche können mir gute Denkanstöße geben, mich aber letztlich bezüglich der Frage, warum Gott Leid zulässt, nicht befriedigen.

Klar, die Frage ist: Muss ich überhaupt zufrieden sein damit? Wenn Gott Gott ist, hat er es nicht nötig, sich mir zu erklären, sondern kann natürlich tun und lassen, was er will. Aber wir wünschen uns dennoch ein tieferes Verstehen. Zumindest die, denen das Leiden dieser Welt wirklich unter den Nägeln brennt und die nicht nur ein paar nette Stammtischparolen zum Besten geben möchten, welche nach einem frühmorgendlichen Kater bei inzwischen wieder nüchternem Blick dann doch nicht überzeugen können.

Und so maße ich mir nicht an, auf den folgenden Seiten eine für jeden rational nachvollziehbare Lösung anbieten zu können. Aber einige bedenkenswerte Ansätze habe ich im Leben und beim Lesen gefunden, die ich gerne mit dir teilen möchte.

Gott im Leid entdecken

Erst mal zurück zu meinem verstorbenen Cousin. Als dieser prächtige junge Kerl mitten aus dem Leben gerissen wurde, haben sich viele in unserer großen Verwandtschaft gefragt: «Wieso lässt Gott das zu?» Meine Tante und ihr Mann benutzten an dieser Stelle eine banale Einsicht, um es ihren kleinen Kindern zu erklären: Gott darf das; er ist der Chef. Zumindest für den Moment war das alles, was wir dazu wissen konnten.

Wenn wir die Bibel konsultieren, dann drückt diese das sogar noch zugespitzter aus, wenn sie Böses deutlich als etwas bezeichnet, das unter dem zulassenden Willen Gottes geschieht. Gerade die Propheten am Ende des Alten Testaments, die sich, was ihr gesellschaftliches Umfeld betrifft, mitten in einer Zeit des religiösen und sozialen Niedergangs befanden, thematisierten diesen Umstand.

Zum Beispiel der Prophet Jesaja: «Ich bin es, der Licht und Dunkelheit macht, der Frieden gibt und Unheil schafft. Ich, Jahwe, bin es, der das alles tut.»[138] Oder der Prophet Amos: «Geschieht ein Unglück in der Stadt, ohne dass der HERR es bewirkt hat?»[139]

Ehrlich gesagt: Ich kann das nicht verstehen, dass Gott an zig Stellen in der Bibel als der Gute und vollkommen Reine – in dem nichts Böses wohnt – beschrieben wird, dann aber auch offenkundig böse Handlungen von ihm explizit zugelassen werden.

Aber: Nur weil ich es nicht verstehen kann, heißt das nicht, dass es keine Lösung für dieses Dilemma gibt. Ich bin nun mal ein schrecklich beschränkter Mensch, limitiert auf allen Ebenen.

Ähnlich wie in dem philosophischen Millennium-Action-Blockbuster «Matrix» geschehen wohl übernatürliche, schreckliche Dinge in dieser Welt, deren Ursachen in einer anderen Dimension liegen; einer Dimension, die unserem Verstand noch verborgen ist.

Mein persönliches Lieblingsbild dazu verkörpert die Nachbarin meiner Kindheit: Sie knüpfte Wandteppiche. Wochenlang saß sie vor einem Rahmen, in welchem Fäden eingespannt waren, flocht und knüpfte ein undurchschaubares Fadenwirrwarr nach einem System, das für mich wie Chaos aussah. Aber am Ende machte sie ein paar kurze Schnitte, drehte dann das Ganze um, und ich erkannte mit einem Blick, dass alles einen Sinn gehabt hatte.

Dass ich keinen Sinn im Leiden sehe, heißt nicht, dass ich den *Sinn* in Frage stellen muss, sondern eventuell zuallererst mal meine *Erkenntnisfähigkeit.*

Der große Schweizer Theologe und Denker Karl Barth (1886–1968) kommt zum einfachen Schluss, den eigentlich jedes Kind ziehen könnte: «Wir sind nicht berechtigt, Gott anzuklagen.» Punkt.

Es bleibt das Paradoxon, dass ich's einfach nicht verstehe. Aber genau dieses *Nichtverstehen* spricht für viele Menschen gegen die Existenz eines liebenden Gottes. Dabei könnte es genauso gut andersherum sein: Dass wir Leid übereinstimmend als Leid werten, könnte doch vielmehr *für* Gott sprechen!

Nimm zum Beispiel meinen Horror-Albtraum bezüglich meiner Kinder: Ein junges Mädchen wird von einem Pädophilen vergewaltigt und getötet. Fürchterlich ist das – und der Mörder gehört mindestens in den Knast. Das würde jeder vernünftige Mensch genauso werten. Warum? Warum werten das quasi alle (gesunden) Menschen genau so?

Weil in uns eine Ahnung vom Guten da ist. Wir spüren ohne Worte, dass es einen Verhaltenskodex für dieses Leben gibt, und wissen, wie es sein müsste: dass dieses junge Mädchen eine Chance haben muss, in Sicherheit aufzuwachsen. Und diese kollektive Ahnung von einem absoluten Wertmaßstab in uns kann ich ziemlich gut auf Gott hin deuten. Es passt in das Konzept eines liebenden Gottes, der uns seine Wertmaßstäbe ins Herz gelegt hat.

Das ist zumindest die Diskussion am Anfang des Römerbriefs in der Bibel.[140] Gott hat dein Herz schon mit den wichtigsten Informationen gefüttert, so dass du innerlich aufschreist bei einem solchen Leid: Das darf nicht sein, das ist nicht gerecht! So etwas gehört bestraft!

Im Leid kann ich die Existenz Gottes entdecken. Okay. Wie aber soll ich damit umgehen? Wie geht Gott eigentlich damit um – vielleicht kann ich ja was davon lernen?

Zwei zentrale Lehren der Bibel geben uns einen Hinweis zum Umgang mit Leid: das Kreuz und die Ewigkeit.

Das Kreuz: Gott teilt und trägt mein Leid

Als Jesus am Kreuz hängt, am Ende einer Geschichte, die keine Erfolgsstory zu werden schien, ruft er: «Mein Gott, mein Gott, warum hast du mich verlassen?»[141] Das drückt aus, was viele Menschen angesichts des Leides in dieser Welt empfinden. Und in diesem einen Satz ist auch so unendlich viel an Trost verborgen.

Ja, gut, das scheint erst mal gar nicht schlüssig, deswegen muss ich ein wenig ausholen.

Ohne den Rest der Bibel scheint die Frage von Jesus nur der Ausruf eines verzweifelten und gescheiterten Sozialreformers zu sein. Dabei war sein Leiden noch viel mehr und noch viel schmerzhafter, als wir es uns vorstellen können.

Die Bibel gibt folgende Erklärung für diesen Ausruf von Jesus: Es gibt keine intimere und liebevollere Beziehung als die Beziehung, die innerhalb der Dreieinigkeit Gottes herrscht.

Wir versuchen das Wesen Gottes etwas krückenhaft mit dem Begriff «Dreieinigkeit» zu beschreiben: Er meint einen Gott in drei Personen. Und die Liebesbeziehung, die zwischen diesen drei Personen herrscht, wird an vielen Stellen der Bibel bezeugt. Sie ist in der Qualität eben perfekt. Gott, der Sohn – nämlich Jesus – liebt den Vater in perfekter Art und Weise, ebenso liebt Gott, der Vater, den Sohn. Dasselbe gilt für ihre Beziehung zum Geist Gottes, dem Heiligen Geist.

Und weil diese Liebe an Intensität nicht zu überbieten ist, ist der Schmerz in dieser Gottverlassenheit des Sohnes am Kreuz an Intensität nicht zu toppen. Wenn die sich so sehr lieben, wieso empfand der Sohn sich so sehr von seinem Vater verlassen?

Die Propheten des Alten Testaments geben uns darauf eine Antwort. So zum Beispiel in einer zentralen Stelle in Jesaja 53. Dort steht über den Messias:

«Er war verachtet und von den Menschen verlassen, ein Mann der Schmerzen und mit Leiden vertraut, wie einer, vor dem man das Gesicht verbirgt. Er war verachtet, und wir haben ihn nicht geachtet. Jedoch unsere Leiden – er hat sie getragen, und unsere Schmerzen – er hat sie auf sich geladen. Wir aber, wir hielten ihn für bestraft, von Gott geschlagen und niedergebeugt. Doch er war durchbohrt um unserer Vergehen willen, zerschlagen um unserer Sünden willen. Die Strafe lag auf ihm zu unserm Frieden, und durch seine Striemen ist uns Heilung geworden.»[142]

Diese Verse zeigen uns Jesus in einer Vorschau als «den Leidenden» schlechthin. Und genau als solchen hat sich Jesus auch gesehen. Er hat am Kreuz auf Golgatha das gesammelte Leid der Menschheit am eigenen Körper ertragen, in der eigenen Seele. Und diese Sünden trennten ihn von Gott, der ohne jede Schuld ist, absolut rein und heilig. Deswegen dieser tiefe Ausruf: «Mein Gott, mein Gott, warum hast du mich verlassen?»

Dieser kurze Bibelvers zeigt auch auf, dass man das Leiden Jesu ganz schnell missdeuten kann, nämlich so, als wenn er gescheitert wäre mit seiner Mission. Aber am Kreuz findet die Mission von Jesus vielmehr ihren Höhepunkt: Er trägt das Leid und die Schuld der ganzen Welt, leidet wegen seiner innigsten Beziehung zu seinem Vater: «Mein Gott, mein Gott …»

Und dieses Geschehen am Kreuz lässt sich nicht einfach beiseiteschieben als grausame Opfertheologie, als wenn Gott ein Opfer fordern würde, um seinen Zorn zu besänftigen. Das greift viel zu kurz. Nein, weil Jesus Gott ist, deswegen sagen wir Christen mit Fug und Recht: Gott kommt selbst als Mensch auf die Erde und teilt unser Leid. Kein Leid dieser Welt kann grausamer sein als seines. Der kostet unser Leid bis zur Neige aus. Und trägt dabei noch *unsere* Schuld auf den Schultern.

Gott versöhnt uns mit sich selbst. Wir können aktiv nichts dazu beitragen, um uns mit ihm zu versöhnen. Sondern müssen uns auf seine Tat berufen, die er stellvertretend für dich und mich getan hat.

Zwischenfazit: Am Kreuz finden wir vielleicht keine rationale Antwort auf die Frage nach einem liebenden und gleichzeitig das Leid zulassenden Gott. Aber eine personale Antwort sehr wohl: Wir finden einen Gott, der unser Leid teilt, in hoch potenzierter Form. Gott leidet mit uns an dieser Welt. So sehr, dass er daran zu Grunde geht.

Ich muss ehrlich sagen: Das macht mich ruhiger über die Frage des scheinbar sinnlosen Leidens. Gott zieht sich nicht aus der Schlinge, sondern er stellt sich selber mit hinein. Ja, er trägt unser Leid. Das gibt mir Hoffnung, dass das Leiden nicht sinnlos sein muss.

Die Ewigkeit: Gott verwandelt unser Leid

In dem netten Kinder-Martial-Arts-Animationsfilm «Kung Fu Panda» ist mir ein eindringlicher Satz aufgefallen: «Schau nicht auf das, was war, oder auf das, was kommt, sondern das Jetzt ist entscheidend und muss gestaltet werden.»

Das ist mir deswegen aufgefallen, weil er eine dummdreiste anachronistische Hollywood-Umdeutung des buddhistischen «achtfachen Pfads der Glückseligkeit» darstellt und mehr das Weltbild des postmodernen Lebensgefühls transportiert als die alte ostasiatische Weisheit. Diese opfert sehr wohl das gesamte Diesseits für das Jenseits.

Ich glaube, dass diese Idee – nur das Diesseits zählt – einen der Hauptgründe darstellt, warum wir keinen Zugang mehr haben zu der Frage des Leidens oder auch zu Gott selber. Wir haben in unserem «aufgeklärten» Denken die Dimension der Ewigkeit abgeschafft – und damit zugleich einen Gott, dem wir verantwortlich sind, aber dummerweise auch einen Gott, der uns aus seiner ewigen Perspektive heraus mitten im Leid Trost geben kann.

Ich las in einer christlichen Wochenzeitung von einer Frau im Hessischen, 35 Jahre verheiratet, deren Mann an Lungenkrebs erkrankte und innerhalb eines Jahres starb. War sie damit am Ende, mitten im Leben? Sie tat das Einzige, was ihr blieb: Sie klammerte sich an Gott und fand darin Trost in ihrem Leid.

Ein Satz hat mich dabei sehr angesprochen: «Nach seinem Tod wuchs mit der Zeit die Nähe zu Gott zu einer Vertrautheit, die ich früher nicht kannte.» Hier hat eine Frau nicht nur Trost erfahren, sondern auch in gewisser Hinsicht an Lebensqualität gewonnen.

Ich glaube, wir alle haben eine Sehnsucht danach, dass unser Leiden nicht umsonst sein soll. Er beherrscht sichtlich unsere Filme und die Literatur, dieser Gedanke: «Es war nicht umsonst! Es kann nicht umsonst gewesen sein!»

Die Bibel bietet uns mit ihrem Hinweis auf die Ewigkeit Gottes solch ein Konzept. Sie macht an vielen Stellen ganz deutlich, dass Gott einmal einen neuen Himmel und eine neue Erde erschaffen wird. Der Apostel Johannes schreibt im letzten Buch der Bibel, der Offenbarung, über diese Zeit:

«Und ich sah einen neuen Himmel und eine neue Erde, denn der erste Himmel und die erste Erde waren vergangen [...] Und Gott wird bei den Menschen wohnen, und sie werden sein Volk sein, und Gott selbst wird bei ihnen sein, ihr Gott. Und er wird jede Träne von ihren Augen abwischen, und der Tod wird nicht mehr sein, noch Trauer noch Geschrei noch Schmerz wird mehr sein; denn das Erste ist vergangen.»[143]

Eine biblische Antwort auf das Leid ist die Ewigkeit. Die Ewigkeit ist kein billiger Trost, um hier mit dem Leiden besser zurechtzukommen, sondern sie ist ein Ort und eine Zeit, wo tiefe Freude erlebt werden kann, gerade weil wir jetzt durch Leid gegangen sind.

Vor einigen Jahren arbeitete meine Schwester in Mosambik unter Menschen, die wirklich sehr gelitten haben. In einem ihrer Rundbriefe berichtete sie von einer Epileptikerin, die durch Medikamente keine Heilung erfahren konnte. Und weil ihre Erkrankung solch ein großes persönliches Leiden darstellte, hat meine Schwester ihr angeboten, mit ihr zu beten.

Gott in seiner souveränen Allmacht kann, wenn er möchte, auch persönliches Leid verändern. Nachdem meine Schwester mit ihr gebetet hatte, ist die Erkrankte auf wundersame Weise freigeworden von ihrer Epilepsie. Meine Schwester schrieb, dass sie in der Folgezeit wochenlang täglich vorbeigekommen sei, um Danke zu sagen. Sie war ja so glücklich.

Wenn du nicht von so einer Krankheit betroffen bist, dann kannst du es nicht schätzen, dass du frei bist davon. Wenn du aber so eine Krankheit erlebt hast, wirst du, genau wie diese Frau, jeden Tag dankbar sein dafür, dass du frei bist.

Die Bibel will uns durch ihre Beschreibung der Ewigkeit ermutigen: Wir werden dort eine ganz andere Qualität von Freude erleben, weil wir hier Leid kennen gelernt haben.

Ich glaube sogar mit dem bereits erwähnten irischen Philosophen C.S. Lewis, dass die Ewigkeit rückwirkend die Qual des Leides auf dieser Erde in Herrlichkeit verwandeln wird. Und um es wie Fjodor Dostojewski in *Die Brüder Karamasow* zu sagen:

«Ich bin wie ein kleines Kind überzeugt davon, dass die Leiden vernarben und zum Ausgleich gelangen werden, dass das Ganze beleidigende Komische der menschlichen Widersprüche entschwinden wird wie ein jämmerliches Traumgebilde, wie die garstige Erfindung eines Schwachen und Kleinen, wie ein Atom des menschlichen euklidischen Geistes; ich bin überzeugt davon, dass endlich, am Ausklang der Welt, im Augenblick ewiger Harmonie, etwas derartig Wertvolles sich ereignen und offenbaren wird, dass es genug ist für alle Herzen, zur Beschwichtigung aller Unwillen, zur Sühne aller von Menschen begangenen Übeltaten und alles von ihnen vergossenen Blutes, dass es mit einem Wort ausreicht dafür, dass es nicht nur möglich sein wird, alles, was mit den Menschen sich zutrug, zu verzeihen, nein, sogar auch zu rechtfertigen.»[144]

Was für ein tiefer Gedanke!

Aber Gedanken müssen sich an der Wirklichkeit messen lassen. Bleibt uns also, darüber nachzudenken, wie wir von diesem Denken her persönlich mit Leid umzugehen lernen können. Ich möchte beispielhaft darstellen, wie ich das mache.

Mein persönlicher Umgang mit Leid

Durch das Buch des US-amerikanischen Psychologen Lawrence «Larry» J. Crabb (*1944), *Glück suchen oder Gott finden?*, habe ich Folgendes gelernt: Es gibt zwei Wege, vor denen ich jeden Tag meines Lebens stehe, und für einen von beiden muss ich mich in jeder Situation, in der mich Leid trifft, entscheiden:

1. Der Weg des Glücks: Ich möchte glücklich sein; ich möchte Gutes erleben, möchte leidfrei sein und Heilung erfahren.
2. Ich möchte Gott finden und ihm näherkommen.

Ich glaube, die meisten Menschen sind auf dem ersten Weg unterwegs: Ich will *nicht* leiden. Ist ja ein naheliegender Gedanke. Doch meiner Erfahrung nach findet man die wahre Bestimmung seines Lebens auf dem zweiten Weg. Denn Gott ist wahres Glück.

Ich habe für mich entschieden, dass nicht eine zerbruchfreie Vita mein Lebensziel ist, sondern dass ich der Sehnsucht meines Herzens – nämlich: Gott näherzukommen – um jeden Preis folgen möchte.

Auf viele Fragen dieses Lebens finde ich keine Antwort, zumindest keine, die meinen Verstand befriedigt. Aber ich erlebe es, dass ich am Herzen Gottes, in seiner Nähe, zur Ruhe komme über Fragen, die ich auf dem intellektuellen Weg nicht lösen kann.

So stehe ich jedes Mal wieder neu vor der Entscheidung, wenn etwas Leidvolles passiert. Es mag eine Kleinigkeit sein, etwa eine Beleidigung, oder etwas Großes, etwa eine schwere Krankheit oder gar ein Todesfall – ich kann mich entscheiden: Will ich Glück suchen oder Gott finden?

Jesus sagte einmal eines dieser bedeutenden Worte, einen Kernsatz des Neuen Testaments: «Denn wer sich an sein Leben klammert, der wird es verlieren. Wer aber sein Leben für mich aufgibt, der wird es für immer gewinnen.»[145]

Ich habe mich entschlossen, diesen Worten der Bibel zu vertrauen: Ich will Gott finden und nicht krampfhaft nach Glück suchen, nach einem Leben ohne Leid. Und in dieser Entscheidung erlebe ich eine riesige Freiheit.

Es gibt kein Buch in der Bibel, in dem ein Mensch mehr Ungerechtigkeit und Leid erfahren muss als im Buch Hiob. Hiobs Leid ist so sprichwörtlich geworden, dass wir eine schlechte Nachricht heutzutage eine «Hiobsbotschaft» nennen.

Das biblische Buch Hiob beantwortet die Frage nach dem Sinn des Leidens so: Ich kann vieles, was Gott tut, nicht verstehen. All meine kümmerlichen Erklärungsversuche sind nur Scheingefechte und zeigen meine eigentliche Unwissenheit auf. Aber ich habe eine Chance im Leben: die Flucht nach vorne in eine Gottesbeziehung. Am liebenden Schöpfer will ich mich festklammern und seinen Verheißungen vom Guten und von der guten neuen Welt vertrauen. Ich habe im Grunde keine andere Wahl.

Die Alternative – nämlich eine rationale Ergründung des Leides – ist zum Scheitern verurteilt. Ich stehe damit ganz schnell vor dem gleichen Scherbenhaufen wie die gesamte Menschheit vor uns und laufe Gefahr, im Nihilismus zu ertrinken.

Und so endet das Buch Hiob nach vielen und langen Rechtfertigungsreden ganz lapidar mit dem Bekenntnis des unschuldig leidenden Hiobs: «… ich habe geredet, ohne zu verstehen, über Dinge, die zu wunderbar für mich und unbegreiflich sind.»[146] Er hält dabei an Gott fest und lernt ihn als den Durchtragenden und Belohnenden kennen. Und diese Einladung gilt auch mir und dir.

Jesus sagt: «Kommt her zu mir, alle, die ihr mühselig und beladen seid; ich will euch erquicken.»[147] Wenn du leidest unter der Last dieser ungerechten Welt: Bei Christus kann dein Herz zur Ruhe kommen, auch wenn jetzt noch nicht alle Fragen letztgültig und intellektuell zufriedenstellend geklärt werden können.

Die schon angeklungene Frage nach der jenseitigen Welt und ihrer ewigen Struktur ist in meinem Innern ziemlich existenziell und verdient eigentlich eine genauere Betrachtung. Ich habe sie ja nur vorausgesetzt als Hilfe für den Umgang mit Leid. Woher aber bekomme ich diese Überzeugung, dass sie überhaupt existiert?

Was kommt nach dem Tod?

Alles im Leben kostet etwas: Wenn ich mir bei Aldi eine Cola kaufe, kostet sie mich 0,39 Euro. Kaufe ich eine Cola von der «Weihnachtsmann-Firma», dann eben 0,99 Euro. Alles im Leben kostet etwas: Wenn ich mir manche Berufsziele wünsche, dann muss ich wissen, dass – je nachdem, wie stressig und herausfordernd der Beruf wird – es mich vielleicht einen Teil meines Lebens kostet. Vielleicht lebe ich kürzer, oder es kostet mich zumindest meine Gesundheit.

Früher hat man gesagt: Jedes Kind, das man bekommt, kostet die Gebärende einen Zahn. Eine Mutter verliert tatsächlich manche Mineralstoffe in der Schwangerschaft, und die Zähne leiden etwas darunter. Alles im Leben kostet etwas: Wenn ich jemandem vergeben möchte, der mir Böses angetan hat, dann kostet es mich den Verzicht auf Rache. Das kann mitunter sehr teuer sein.

Auch der Tod kostet etwas: Er kostet das Leben. Am Ende des Lebens löst du mit deinem Leben die Eintrittskarte in die Ewigkeit. Stimmt das? Gibt es tatsächlich ein Jenseits? Oder ist das Diesseits alles, was das Leben zu bieten hat? Werden wir wirklich im Jenseits zu einem neuen Leben auferstehen?

An einer Antwort auf diese Frage, ob Tote tot bleiben oder noch einmal zu einem anderen Leben gelangen, haben sich in der Menschheitsgeschichte schon sehr viele kluge Geister die Zähne ausgebissen. Ich versuche mal in kurzen, groben Strichen die unterschiedlichen Antwortgeber zu Wort kommen zu lassen.

Gibt es so etwas wie eine Auferstehung?

Antworten der Religionen

Die Religionen machen sich wohl schon immer Gedanken über ein Jenseits. Wenn wir uns die Pyramiden der alten Ägypter anschauen, dann ist klar, dass sie von einem Jenseits überzeugt waren, für welches sie die Toten vorbereitet haben. Dazu kommen die Grabbeigaben der alten Wikinger oder der Indianer Amerikas, sowie der Umstand, dass sie in Indien zeitweise den gesamten Besitz eines Mannes einschließlich seiner zu diesem Zwecke getöteten Frau mit ins Grab gesteckt haben. Unendlich viele weitere Beispiele könnten gefunden werden – all das zeigt, dass es weltweit eine große und gemeinsame Überzeugung fast aller Religionen gibt: Es geht nach dem Tod weiter.

Auch wenn das Leben nach dem Tod nicht in allen Religionen zwingend ein personifiziertes Leben sein muss. Es kann sich auch im Nichts auflösen – wie beim Buddhismus.

Die Religionen haben auch ihre eigenen Ideen gehabt, wie das Diesseits mit dem Jenseits zusammenhängt. So zum Beispiel im alten Ägypten, wo der Mythos von Osiris besagt, dass das diesseitige Verhalten der Menschen Auswirkungen hat auf das Jenseits. Osiris wurde als Richter der Toten gesehen, dessen Urteil über das weitere Schicksal eines Verstorbenen entscheidet, je nachdem, wie jener im Diesseits gelebt hat.[148]

Die Vorstellung einer Ewigkeit scheint tief in die Menschenseele hineingepflanzt und nicht nur ein vererbtes Verständnis zu sein. Schon der klügste Mann in der Bibel, der weise König Salomo, schreibt Ähnliches über uns:

«Ich sah mir an, womit Gott die Menschen sich abmühen lässt. Alles hat er so eingerichtet, dass es schön ist zu seiner Zeit. Auch die Ewigkeit hat er den Menschen ins Herz gelegt. Aber das Werk Gottes vom Anfang bis zum Ende kann ein Mensch nicht begreifen.»[149]

Er hatte erkannt, dass alle Menschen letztlich eine Sehnsucht nach Ewigkeit haben, und er schrieb Gott zu, er habe das in uns hineingelegt. Die vielen Wege der unzähligen Religionen dieser Welt, die von einer ähnlich gelagerten Ahnung ausgehen, scheinen ihm recht zu geben.

Antworten von philosophischer Seite

Der Süddeutsche Martin Heidegger (1889–1976), einer der ganz großen Philosophen der deutschen Geistesgeschichte, «dachte den Menschen ganz radikal als ‹Sein zum Tode›, als das einzige Lebewesen, das von seinem Tod weiß und in jedem bewussten Moment seines Lebens darauf hinlebt».[150] Gerade deswegen sei das bewusste Handeln in jedem unwiederholbaren Moment des Lebens notwendig. Irgendwann ist nämlich alles aus. Zumindest auf dieser Erde.

Doch die großen Denker dieser Welt sind oft nicht durchgestoßen zu der Frage des Jenseits, weil sie für sich selbst erst einmal die Frage der Existenz Gottes klären mussten.

Dennoch können wir aus manchen Gedankengängen Dinge schlussfolgern. So ist beispielsweise der große Philosoph der Aufklärung, Immanuel Kant (1724–1804), in seiner Auseinandersetzung mit «Moral» zu der Überzeugung gekommen, dass es auf Grundlage der reinen Vernunft so etwas wie Moral und Freiheit des Menschen gibt. Und im selben Atemzug machte er aber auch klar, dass Moral im Diesseits nicht immer zu einer Verbesserung der eigenen Situation beiträgt, sondern manchmal auch dazu führen kann, dass ich als der Dumme dastehe.

Ein kleines Beispiel: Ich kann ein kleines Kind, das in großer Gefahr ist, auf einer vielbefahrenen Straße heldenhaft zur Seite reißen und auf den sicheren Gehweg bringen. Dann kann ich mir die Lorbeeren bei der erleichterten Mutter abholen. Aber es kann auch sein, dass ich – nachdem ich das Kind zur Seite gestoßen habe – selbst vom Auto erfasst und überfahren werde.

Moral ist nicht immer von persönlichem Vorteil in dieser Welt. Es bereitet nicht immer Lust, moralisch zu handeln. Etwas anderes treibt uns in den Tiefenschichten unseres Seins zu moralischem Handeln. Der deutsche

Psychotherapeut und Bestsellerautor Manfred Lütz (*1954) drückt es so aus: «Wenn aber mit dem Tod alles aus wäre, dann wäre moralisches Verhalten, das ja nach Kant gerade dadurch gekennzeichnet ist, dass es die Lust nicht vermehrt, eine Riesendummheit. [...] Nur durch die Überzeugung von der Unsterblichkeit der Seele also ist Moralität vernünftig.»[151]

Er führt weiter aus, dass man natürlich deswegen noch lange nicht sagen kann, ob das Leben nach dem Tod für uns auch ein gutes ist. Lütz folgert daraus, dass es eben vernünftig wäre, von einer gerichtlichen alltäglichen Instanz auszugehen, die man Gott nennt und die nach dem Tod das Handeln des Einzelnen bewertet. Nur aus dieser Sicht wäre moralisches Handeln innerhalb dieser Welt überhaupt vernünftig.

Antworten der Atheisten und Agnostiker

Der Atheismus, der ja gerade mal 250 Jahre alt ist[152] und nur eine kleine Minderheit aller Menschen in einem sehr kleinen Teil der Welt repräsentiert, hat auf die Frage des Todes meines Erachtens keine befriedigende Antwort gefunden, außer dieser: Der Tod ist eine Notwendigkeit der Selektion. Da im Atheismus alles unter der Bedingung: «Wenn es Gott nicht gäbe», betrachtet wird, ist er hier natürlich mit einer Vorentscheidung festgelegt auf das Diesseits. Von daher erübrigt sich auch das Nachdenken über ein Jenseits.

Aber diese dogmatische Festlegung kann nicht befriedigen. Und so verwundert es nicht, dass es manchem so geht wie der ursprünglich eher agnostisch denkenden deutschen Philosophin und Frauenrechtlerin Edith Stein (1891–1942), die an dieser Denkgrenze scheiterte und sich deswegen für den Gott der Bibel öffnete.

Natürlich ist das nicht zwingend notwendig; andere verbleiben im Agnostizismus, weil ihnen schlicht die Denkgrundlage fehlt. In diesem Fall lässt sich entweder das Hier und Jetzt feuchtfröhlich feiern, wofür sich manche mangels Alternative entscheiden. Oder man verzweifelt an dem Sein des Menschen und hat gleichzeitig Todesängste und Todessehnsucht, wie es einem Teil der Agnostiker geht, die ich kenne.

Antworten der Bibel

Die Bibel geht davon aus, dass es ein Jenseits gibt. Und dass es eine Auferstehung gibt.

Sie weiß um die Sehnsucht des Menschen nach Ewigkeit und ist sich sicher, dass dieser Sehnsucht auch die tatsächliche Möglichkeit von Ewigkeit gegenübersteht. Und dass die Auferstehung der Toten zu einem jenseitigen Leben von Gott eingerichtet wurde.

In der konzentrierten theologischen Höhe von Römer 8 – ein lesenswertes Kapitel über das Verhältnis von Diesseits und Jenseits – bringt der philosophisch hochgebildete Theologe Paulus es so auf den Punkt: «Wenn nun der Geist von dem, der Jesus aus den Toten auferweckt hat, in euch wohnt, dann wird er durch den Geist, der in euch wohnt, auch euren sterblichen Körper lebendig machen, eben weil er Christus aus den Toten auferweckt hat.»[153]

Hier entspricht die Argumentation von Paulus dem neuzeitlichen Wissenschaftsbegriff: Eine Theorie wird dann als gesichert betrachtet, wenn sie durch den Filter von Falsifikation (Widerlegung) und Verifikation (Beglaubigung) gegangen ist. Jegliche Theorie sollte möglichst empirisch zu jeder Zeit wiederholbar sein. Das Ganze funktioniert im Reagenzglas auch ganz wunderbar, aber eben nicht in dem Moment, wenn die Dimension Zeit hinzutritt.

Denn eine angenommene evolutionäre Übergangszeit kann nicht nachgestellt werden; der Urknall, so er denn stattgefunden hat, bleibt einmalig. Eine Sintflut, wie sie die Bibel und auch außerbiblische Berichte beschreiben, kann nicht beliebig wiederholt oder nachgestellt werden. Und so müssen manche wissenschaftliche Theorien auch an einmaligen Geschehnissen durchexerziert werden, woraus man dann eine gewisse Wahrscheinlichkeit, dass es funktionieren kann, ableitet.

Und damit sind wir bei der Auferweckung der Toten: Wenn es *ein Mal* gelänge, dass ein Mensch vom Tod auferweckt wird und dann ins Jenseits übergeht, ohne erneut zu sterben, dann wäre es prinzipiell möglich, dass das auch anderen Menschen geschehen könnte. Und das nennt die Bibel die Auferstehungshoffnung.

Paulus verweist also hier auf Jesus als den, der vom Tod auferweckt wurde, und schlussfolgert daraus, dass ebenso wie Jesus auch wir auferweckt werden. Jesus scheint hier so etwas wie ein wissenschaftlicher Präzedenzfall für die Hoffnung auf das Jenseits zu sein. Alles entscheidet sich also an der Frage: Ist Jesus wirklich auferstanden? Ist das ein haltbarer, prinzipiell wiederholbarer Präzedenzfall, oder ist es ausgedachte Illusion?

Ist Jesus wirklich auferstanden?

Zu dieser Frage ist eine solche Fülle an Material publiziert worden, dass ich gar nicht alles benennen oder kennen kann. Kein ernstzunehmender Historiker bestreitet die Existenz Jesu, sie gilt als erwiesen. Die Auferstehung von

Jesus aber ist äußerst umstritten. Sie wurde zwar in vielen historischen Dokumenten, wie zum Beispiel bei dem römisch-jüdischen Geschichtsschreiber Flavius Josephus (37/38–100) beschrieben und ist damit historisch deutlich besser belegt als die Existenz von Julius Caesar oder Kleopatra, aber dennoch wird hart um sie gerungen. Ist ja auch klar: Denn wenn sie stattgefunden hat, verändert das alles.

Ein exzellenter neutestamentlicher Wissenschaftler aus Schottland, Professor N.T. Wright (*1948), ist aufgrund seiner jahrelangen Forschungen zur völligen Überzeugung von der Auferstehung Jesu gekommen. Er diskutiert in einem seiner Bücher den Zusammenhang zwischen dem leeren Grab und der Begegnung des auferstandenen Jesus mit seinen Nachfolgern:

«Hätte es nur das leere Grab gegeben ohne Begegnungen mit Jesus, würde niemand auf die Idee einer Auferstehung gekommen sein. Man hätte vermutet, dass der Leichnam Jesu gestohlen wurde. Und wenn es nur Augenzeugen gegeben hätte, die Jesus gesehen haben, aber kein leeres Grab, wäre ebenfalls niemand auf die Idee einer Auferstehung gekommen, schließlich kommt es immer wieder vor, dass Menschen verstorbene Angehörige ‹sehen›. Nur wenn beide Faktoren zusammentreffen, nur dann kann man sicher sein, dass Jesus wirklich von den Toten auferstanden ist.»[154]

Wie wertest du persönlich das? Du wirst herausgefordert, die Auferstehung der Toten entweder anzunehmen oder zu leugnen. Timothy Keller schreibt:

«Die meisten Menschen gehen davon aus, dass die Beweislast für die Auferstehung Jesu bei den Christen liegt. Das ist aber nur bedingt der Fall. Auch dem, der nicht glaubt, legt die Auferstehung eine Beweislast auf. Es reicht nicht, einfach nur zu glauben, dass Jesus nicht von den Toten auferstand. Man muss dann auch eine historisch plausible, alternative Erklärung für die Entstehung der christlichen Kirche liefern.»[155]

Dieses Argument besagt also, dass wir aus der Gesamtschau der verschriftlichten Berichte und der Folgen für die kommenden Entwicklungen eine hohe Wahrscheinlichkeit ableiten können, das alles so passiert ist, wie es behauptet wird:

1. Allein in der Bibel sind Hunderte von Menschen – zum Teil namentlich – für die Auferstehung Jesu als Zeugen angeführt. Die Autoren der einzelnen Bücher fügen an, dass sie sogar befragt werden können, ob alles so passiert ist. Und nirgends finden wir aus der damaligen Zeitgeschichte ein schriftliches Dementi der Ereignisse.
   «Ich habe euch in erster Linie das weitergegeben, was ich auch empfangen habe: Christus ist für unsere Sünden gestorben, wie es die Schriften gesagt haben. Er wurde begraben und am dritten Tag auferweckt, wie es die Schriften gesagt haben. Er ist dem Kephas [Petrus] erschienen, dann dem Kreis der Zwölf. Danach erschien er mehr als 500 Brüdern auf einmal, von denen die meisten noch am Leben sind; nur einige sind schon gestorben. Danach erschien er dem Jakobus, dann allen Aposteln. Zuallerletzt erschien er auch mir.»[156]
2. Die Bibel führt Frauen als erste Augenzeugen der Auferstehung an. In der antiken Welt aber war der juristische Status der Frauen so niedrig, dass sie nicht einmal als Zeugen vor Gericht zugelassen waren. Es scheint unsinnig zu sein, diese Frauen in einem schriftlichen Beweis anzuführen. Warum haben die biblischen Autoren es trotzdem getan?

Keller kommt zu der nachvollziehbaren Folgerung: «Die einzige mögliche Erklärung für die Aufnahme der Frauen in die biblischen Auferstehungsberichte ist, dass dies schlicht den Tatsachen entsprach. N.T. Wright argumentiert, dass die ersten Verkündiger der christlichen Botschaft unter einem enormen Druck gestanden haben müssen, das Zeugnis der Frauen aus ihrem Bericht zu streichen. Aber genau das taten sie nicht; die Fakten waren offensichtlich zu allgemein bekannt.»[157]

3. Die ersten Christen verkündeten überall die Auferstehung von den Toten. In der damaligen Kultur war das für die aufgeklärten Denker ein Unding, weswegen die Christen auch überall ausgelacht wurden. Paulus nennt deshalb das Evangelium einmal eine «Dummheit» für die denkenden Menschen. Und trotzdem hat sich das Christentum explosionsartig über die gesamte damalige Welt ausgebreitet. Eine ganze Kultur und ein ganzes Weltbild wurden durch das junge Christentum verändert und letztlich abgelöst. Und zwar innerhalb eines extrem kurzen Zeitraums. Ein starker Hinweis auf die Tatsächlichkeit der Ereignisse des Christentums.
4. Der französische Mathematiker, Physiker, Literat und christliche Philosoph Blaise Pascal (1623–1662) sagte einmal, dass er nur den Zeugen glaube, denen man die Kehle durchgeschnitten habe.[158] Wer stirbt schon für etwas, das nicht wirklich passiert ist? Quasi die gesamte Schar der ersten Christen starb den Märtyrertod. Sie waren so davon überzeugt, dass die Auferstehung Jesu tatsächlich passiert war, dass der Tod sie nicht schrecken konnte.

Mein Fazit: Der Glaube an die biblische Auferstehungshoffnung ist ein Glaube aufgrund einer Zeugenaussage, ähnlich wie in einem Gerichtsprozess. Schriftliche Zeugen, historische Zeugen, Zeugen, die mit dem eigenen Leben ihr Zeugnis unterstrichen!

Um es in den Worten des US-amerikanischen Theologen George Eldon Ladd (1911–1982) zu sagen: «Glauben [ist] kein Sprung in die Dunkelheit, keine irrationale Leichtgläubigkeit, keine Überzeugung gegen den Augenschein und gegen den Verstand. Er bedeutet Überzeugung im Licht historischer Fakten, in Übereinstimmung mit dem Augenschein, auf der Grundlage von Zeugenaussagen.»[159]

Natürlich ist es meine Entscheidung, ob ich den Zeugen eines Geschehnisses Glauben schenke oder nicht. Hier bleibt auch der Glaube an die Auferstehung etwas Subjektives, genauso wie ein Richter Zeugenaussagen Glauben schenken kann, aber nicht muss. Diese persönliche Entscheidung kann man niemandem abnehmen. Und viele, die glauben, dass Jesus theoretisch gelebt hat und starb, dringen nicht zu solch einer Entscheidung durch.

So wie der indische pazifistische Freiheitskämpfer Mahatma Gandhi (1869–1948): «Ich konnte Jesus als Märtyrer akzeptieren, als Verkörperung des Opfers und als göttlichen Lehrer. Sein Tod am Kreuz war ein großes Beispiel für die Welt, aber dass in ihm irgendeine geheimnisvolle oder wunderbare Kraft lag, das konnte mein Herz nicht glauben.»[160]

Im Glauben steckt etwas sehr Persönliches, das jeder für sich selber erleben kann. Und in gewisser Weise auch muss. Niemand kann das für mich entscheiden. Es bleibt eine Auseinandersetzung in den Tiefen meines eigenen Herzens.

Darf ich für mich auf Auferstehung hoffen?

In dem Moment, in dem ich das schreibe, ist es gerade eine Woche her, dass ein kleines Mädchen, eine Schulkameradin unserer Tochter, auf grausame Weise getötet wurde. Ein Verdächtiger sitzt in Untersuchungshaft. Angenommen, du bist als Zuschauer eingeladen bei diesem Gerichtsprozess, in dem es um Mord geht. Das ist etwas Besonderes, die Zeugenvernehmung zu erleben und die Entscheidung des Richters abzuwarten. Du fieberst vielleicht mit dem Prozessverlauf mit, weil du möchtest, dass Gerechtigkeit geschieht.

Etwas ganz anderes ist es, wenn das Mordopfer die Tochter von Freunden war oder gar dein eigenes Kind. Dann bist du auf einmal persönlich betroffen, dann ist deine persönliche Hoffnung ein tiefes Sehnen. Ein tiefes Sehnen nach Gerechtigkeit, dass der Übeltäter bestraft und so der Tod des Kindes gesühnt wird, wenn er auch nicht rückgängig gemacht werden kann.

Genauso wie du leidenschaftlich als persönlich Betroffener anders mitfieberst denn als bloßer Zuschauer, so kann auch die Auferstehung der Toten nicht nur theoretisch betrachtet werden, sondern hat eine zutiefst subjektive Komponente – ich bin *persönlich* betroffen!

Wenn es stimmt, was der Apostel Johannes im letzten Buch der Bibel sagt, der Offenbarung, dann betrifft das Thema «Jenseitsglaube» radikal dein eigenes Dasein:

«Dann sah ich einen ganz neuen Himmel und eine völlig neuartige Erde. Der erste Himmel und die erste Erde waren vergangen […]. Und ich hörte eine laute Stimme rufen: ‹Jetzt ist Gottes Wohnung bei den Menschen. Unter ihnen wird er wohnen, und sie werden alle sein Volk sein.

Gott selbst wird als ihr Gott bei ihnen sein. Jede Träne wird er von ihren Augen wischen. Es wird keinen Tod mehr geben und auch keine Traurigkeit, keine Klage, keinen Schmerz. Was früher war, ist für immer vorbei.»[161]

Das ganze Leben ist durchzogen von Momenten des Schmerzes und des Leidens; wir Menschen erleben zum Teil unsägliche Ungerechtigkeit. Ehrlicherweise muss man sagen, wir hier im Westen fügen sogar vielen anderen unsägliche Ungerechtigkeit zu – allein durch unsere Billigproduktionen in der sogenannten Dritten Welt und unseren ausschweifenden Konsum. Viele Straftaten bleiben auf dieser Erde ungesühnt. Hier verspricht uns Gott in der Bibel, dass all diese Dinge einmal ins Lot kommen. Das ist zutiefst gerecht.

Nur aufgrund dieser Gerechtigkeit, die im Jenseits aller Menschheits-Existenz wartet, kann ich im Diesseits die höchstmögliche Moral – wie es Kant ausdrücken würde – an den Tag legen. Ich muss nicht alles in dieses Leben hineinpacken, muss nicht immer Recht erfahren: Das Eigentliche kommt noch.

So kann ich als direkte Folge aus der Auferstehungshoffnung heraus besser Menschen vergeben. Ich muss nicht um jeden Preis zu meinem Recht kommen, ich weiß, dass eine höhere Instanz einmal Gerechtigkeit schaffen wird. So kann ich getrost auf Rache verzichten.

Diese Haltung unterstreicht das Leben christlicher Märtyrer wie Dietrich Bonhoeffer während des Dritten Reiches, der im Gefängnis ausdrücklich formulierte, dass er den Nazis vergeben würde, die ihn letztlich aufs Schafott gebracht haben.

Und so ist es nicht verwunderlich, dass die größte Gruppe von Menschen, die weltweit um ihres Glaubens willen verfolgt werden, ohne sich zu wehren, Christen sind. Mindestens 100 Millionen Christen werden weltweit verfolgt, manche sprechen sogar von bis zu 200 Millionen.

Aufgrund der Auferstehungshoffnung können diese Menschen das ertragen! Anders wäre diese unsägliche Ungerechtigkeit nicht ertragbar. Ich lebe als Christ auf diesen Moment hin, da Gott Recht schafft und alle Ungerechtigkeit beendet. Das verleiht meinem Leben Flügel – dass es noch Hoffnung auf Gerechtigkeit und Erlösung gibt.

Und dasselbe gilt auch für meine und deine eigene Schuld. Denn wir alle haben das Ziel verfehlt. Das ist der Begriff, den die Bibel benutzt für den sperrigen Begriff «Sünde»: Zielverfehlung. Ganz genau so, wie es beim englischen Bogensport auch heute noch heißt, wenn man das Zentrum der Scheibe verfehlt: *You have sinned.* Du hast gesündigt.[162]

Es wäre schade, wenn unser ganzes Leben unter diesem Motto stehen würde: Du hast das Ziel verfehlt. Es ist dann letztlich auch egal, wie weit ich vorbeigeschossen habe: Vorbei ist vorbei. Oder wie wir Schwaben sagen: Knapp daneben ist auch vorbei! Du hast gesündigt. Ich habe gesündigt. Die Ewigkeit wird das aufdecken.

Wenn die Bibel recht hat, und ich bin zutiefst davon überzeugt aufgrund der Faktenlage und der Zeugenaussagen, dann gibt es ein Jenseits. Und dann gibt es eine Auferstehung der Toten – sie ist einmalig passiert in Jesus Christus. Damit hat Gott gezeigt, dass es prinzipiell möglich ist. Und das einhellige christliche Zeugnis verlangt von uns eine Entscheidung: unser Leben so zu gestalten, dass es im Blick auf die ganze Strecke, sowohl des Diesseits als auch des Jenseits, nicht am Ende heißt: das Ziel verfehlt.

Hier kommen wir leider nicht um eine eindeutige Stellungnahme herum.

Und das führt uns noch eine Ebene tiefer ins Innere unserer persönlichen Existenz. «Meine Umwelt und das Leid» braucht eine persönliche Klärung. Die «Hoffnung auf eine Ewigkeit» braucht eine persönliche Klärung. Alles klärt sich im Inneren meiner selbst und kumuliert in der Frage: Wer bin ich eigentlich? An und für sich. Und in Bezug auf Gott. Und daraus resultierend: Wo will ich hin? Welche Entscheidungen treffe ich infolgedessen für jetzt und danach? Kann ich überhaupt Entscheidungen treffen? Und haben diese überhaupt Einfluss auf mein Leben?

Wer bin ich, wer will ich sein?

Das männliche Gehirn ist eine schlanke, fiese Problemlösungsmaschine, die analytische Hirnstrukturen – nicht emotionale! – nutzt, um Lösungen zu finden. Es entfaltet sich in Wettbewerbssituationen, spielt instinktiv brutal, ist besessen von Rang und Hierarchie und verfügt über ein Sexfantasien-Areal, das zweieinhalb Mal so groß ist wie das des weiblichen Gehirns.[163]

Ich bin ohne Zweifel ein Mann. Stimmt das also, was die Neurowissenschaftlerin Louann Brizendine (*1952) über mich sagt? Denn wenn das stimmt, dann müsste ich manche meiner Verhaltensweisen anpassen.

Meine Sicht von mir selbst bestimmt, wie ich mich verhalte – davon bin ich überzeugt: Halte ich mich für einen Alkoholiker, dann saufe ich. Halte ich mich für einen Fußballprofi, dann spiele ich, wann immer ich kann.

Gut, das ist jetzt etwas überspitzt formuliert, denn es

gibt auch so etwas wie Einbildung oder Realitätsferne. Aber von der Grobrichtung her ist das genau das, was Mentaltrainer mit uns machen: Ob im Profisport oder als Spitzenführungskraft in Politik und Wirtschaft – wir werden darauf getrimmt, uns ein Bild von dem zu machen, was wir sind oder sein wollen. Weil das so eine immense Auswirkung auf unser Verhalten hat.

Ohne Zweifel – mein Leben ist völlig anders, je nachdem, wie ich mich sehe. Deswegen ist es so wichtig zu wissen, wer ich bin. Wer also sagt mir, wer ich bin?

In dem erfolgreichen Kino-Mehrteiler um Jason Bourne muss der Hauptdarsteller eine wilde Jagd veranstalten auf der Suche nach der Antwort auf die Frage, wer er eigentlich ist. Wieso fasziniert uns diese Odyssee so sehr?

Ich glaube, dass wir alle – auf der Suche nach unserer Identität – auf so einem Trip durchs Leben sind: Wer bin ich eigentlich? Und: Wäre ich jemand anders, wenn ich woanders geboren worden wäre? Wäre ich noch ich? Darauf gibt es – wenn überhaupt – keine einfache Antwort.

Grob sortiert sehe ich zwei große Meinungsrichtungen.

Das eine sind die *Selbstbestimmer.* Sie halten Identität für ein Konstrukt, das auf Grund individueller Entscheidungen zu Stande kommt, indem jemand sich damit auseinandersetzt, wer er sein will, welcher Gruppe er sich anschließen möchte, welchen Glauben er annehmen und welchen Beruf er ergreifen möchte.

Und auf der anderen Seite sind die *Determinierer.* Sie halten unsere Entscheidungen nur für eine Farce[164]. Vielmehr seien wir genetisch oder epigenetisch auf unsere Entscheidungen festgelegt. Unsere atheistischen Freunde aus dem Osten argumentieren manchmal auf dieser Ebene: «Wir sind in der DDR aufgewachsen, wir haben dieses religiöse Leben nicht mitbekommen, es ist sozusagen nicht in unser Erbgut eingepflanzt worden, deswegen glauben wir heute nicht.»

Meine Identität beinhaltet einerseits einen Blick in mein Inneres: Was ist mein richtiges Ich? Gibt es «richtig» überhaupt? Wer bin ich? Andererseits aber auch einen Blick nach außen: Wo gehöre ich dazu? Das beinhaltet sozusagen die Suche nach meinem Platz. Identität hat etwas mit Heimat zu tun.

Und diese zwei Blickrichtungen (nach innen und nach außen) spielen sich zwischen den beiden Polen der Determinierung und Selbstbestimmtheit ab. Der Versuch einer Antwort muss hier vorsichtig stattfinden.

Die Antwort des Kanons[165]

Unsere lange Menschheitsgeschichte ist nicht ohne Versuche geblieben, diese Frage zu beantworten und Lösungen vorzuschlagen. Da haben wir zum einen die großen Philosophen, die unser Sein in ein Inneres und ein Äußeres teilten:

Der Körper sei vergänglich, die Seele unsterblich, da schon vor der irdischen Existenz als reine Idee in der Himmelswelt existent. Die Seele wird hier also nicht geschaffen, sondern als ein Teil der Gottheit angesehen. Der Körper ist in dieser Vorstellung das Gefängnis der Seele; diese befreit sich nach dem Tod wieder von ihrem Gefängnis und kehrt zurück in die Himmelswelt (oder geht in einen anderen Körper über … je nach Auslegung und Spielart).

Die Philosophen versuchten aus bestimmten Lehren und Erkenntnissen, die sie über den Menschen gewonnen hatten, bestimmende Lebensansätze zu gewinnen (heute haben sie diesen normativen Ansatz fast vollständig aufgegeben):

Entweder sie schlugen den asketischen Weg vor: Alles ablehnen und ablegen. Oder den hedonistischen Weg: Alles mitnehmen, was geht. Allen Philosophen gemeinsam war, dass sie in ihren Weisheiten letztlich immer auf die menschliche Ratio (Vernunft) zurückgreifen mussten, weil die metaphysische Welt weder richtig zugänglich noch in irgendeiner Weise verfügbar war.

In der Götterwelt des Olymps hausten eher unberechenbare Großegoisten. Folglich war der Mensch auf sich geworfen, und an der eigenen Begrenztheit fand dann eben auch die Erkenntnismöglichkeit ihre Grenze. Und das scheint mir bis heute so zu sein.

In der neueren Philosophie haben wir zum Teil sehr destruktive Ansätze. Der Skeptizismus, der jedes sichere Wissen in Frage stellt, gipfelt letztlich im Nihilismus, dem doch eh alles egal ist.

Zu Recht haben deswegen diese Dinge im Zuge der Moderne an Einfluss verloren. Dafür haben wir einen anderen Tonangeber für uns gewonnen: die moderne Wissenschaft. Gegründet als Erklärungshilfe für den Menschen, um das Leben besser zu verstehen und zu meistern. Leider hat sie sich verselbständigt und wird heute bei manchen als Pseudoreligion oder zumindest als Religionsersatz gefeiert.

Ist ja 'ne gute Sache: Wir Menschen erforschen Dinge mit unseren empirischen Mitteln. Das gelingt uns für unser Hier und Jetzt ganz gut. Da aber für die Frage der Identität auch der Blick in die Vergangenheit (Woher komme ich?) und in die Zukunft (Wohin gehe ich?) notwendig ist, um zu verstehen, weshalb ich tue, was ich tue – und weshalb ich bin, wer ich bin –, stößt empirische Wissenschaft deutlich an ihre Grenzen. Denn immer wenn der Faktor Zeit ins Spiel kommt, braucht Wissenschaft einen Handlanger: die Interpretation.

Und auch hier ist der Mensch auf sich selbst zurückgeworfen: Meine Interpretation kann richtig sein – oder auch nicht! Deswegen sprechen wir auch von Thesen und Theorien, die sich jederzeit bestätigen oder in jedem Moment falsifiziert – also widerlegt – werden können.

Mit Sicherheit kann die Wissenschaft nichts Definitives über mich aussagen. Sie kann Theorien und Erklärungsmodelle anbieten, die auf den Forschungsergebnissen von klugen Köpfen basieren. Aber wie wir aus der Vergangenheit wissen, werden die klügsten Thesen der Geschichte immer wieder vom Stand der jeweils aktuellen Forschung überholt.

Und weil die Menschen nicht erst jetzt am Ende der Moderne, sondern schon seit jeher an die Grenzen ihrer Forschungsarbeit geraten sind, haben sie von Anfang an versucht, neben den eigenen klugen Köpfen auch Wissen von außerhalb unserer Welt anzuzapfen: Metaphysik. Die Religionen traten stärker in den Fokus. Sie versuchten die Ergänzung zur Wissenschaft, zeitweise auch eine Vorherrschaft über die Wissenschaft.

Wie schon der theoretische Physiker Albert Einstein (1879–1955) sagte: «Wissenschaft ohne Religion ist lahm, Religion ohne Wissenschaft ist blind.»[166]

Nun haben wir also die Religionen als eine weitere Autorität, die uns Hilfestellung zur Identitätsfindung anbietet. Allerdings: Die schiere Masse der konkurrierenden Angebote weltweit ist schlimmer als das Joghurtregal in einem Supermarkt.

Die Vielfalt der Religionen reflektiert das tiefe Bedürfnis, das in uns Menschen verankert ist, außerhalb von Raum und Zeit Klärung zu bekommen: Der Mensch ist wohl wirklich hoffnungslos religiös, wie etliche kluge Köpfe im Laufe der Jahrhunderte immer wieder festgestellt haben. Die Stärke der Religion ist im Normalfall ihre Demut: Sie weiß um die eigene Begrenztheit und versucht das Sichtfeld zu weiten.

Wir spüren als Menschen, dass das Leben aus mehr besteht als aus dem, was uns rational zugänglich ist: Kunst, Kultur, Liebe, Musik, Ästhetik sind zumindest in Teilen metaphysisch. Manche hartgesottene Materialisten müssen allerdings erst dem Tod ins Auge blicken oder ans Ende ihres Lebens kommen, um mit der gesammelten Weisheit eines Lebens zu merken, dass menschliche Weisheit ergänzungsbedürftig ist: «Im Flugzeug gibt es während starker Turbulenzen keine Atheisten»[167], schrieb Robert Lembke (bayerischer Fernsehmoderator und Journalist; 1913–1989).

Ich bin überzeugt, dass wir Tausenden von Jahren menschlicher Geschichte vertrauen dürfen: Wenn wir Antworten auf die Fragen nach unserem Sein suchen, werden wir an religiösen Bezügen nicht vorbeikommen.

Dennoch: Es bleibt immer noch die verwirrende Vielfalt der religiösen Antworten. Und klar, manchen ist das viel zu kompliziert. Wie mir mal ein 15-jähriger Junge im Gespräch sagte: «Ich kenne ja nur das Christentum – woher soll ich wissen, wer recht hat?» Heute hat er wohl aufgehört zu suchen.

Und so geht es vielen. Sie suchen die Antwort erst gar nicht außerhalb von sich selbst im erschreckenden Glaubensdschungel, sondern sie bleiben bei dem scheinbar einzig Sicheren: bei sich selbst. Ihre Devise: Ich bin, der ich sein will.

Michael Jackson (1958–2009) als postmoderne Pop-Ikone, die sich und ihren Körper selbst neu erfand, war sicher nicht der erste, aber der wohl bekannteste Vertreter dieser Art postmoderner Gender-Ideologie. Weder weiß noch schwarz, weder alt noch jung, weder hetero noch homo, weder Mann noch Frau – so hat er sich unter massivem chirurgischem Einsatz selbst neu erfunden. Gepimpt, sozusagen.

Manche von uns würden nicht so weit gehen, dass sie Weißkittelträger an sich rumschnippeln lassen, sie tun das lieber erst mal digital: durch Avatare, die wir so gestalten können, wie wir gerade Lust haben. Eine Vielzahl von Plattformen und Spielen macht uns das möglich.

Interessante Beobachtung: Im kurzen Hype des Spiels «Second Life» waren die Mehrheit der weiblichen Avatare im echten Leben Männer. Sorry, ich meinte: Menscheninnen, mit Geschlechtsorganen, die wir im klassischen «alten» zweidimensionalen Weltbild als männlich definiert hätten. Ich verzichte im Weiteren auf das Ge-Gendere. Es ist zu hanebüchen.

Aber die Thematik offenbart eine tiefe Sehnsucht nach Identität: Wir wollen uns auch im echten Leben neu erfinden, uns neu in Szene setzen, wir wollen selber entscheiden, was wir sein wollen.

Die Gender-Ideologie, die undemokratisch auf der Weltfrauenkonferenz in Nairobi 1985 ihren weltpolitischen Startschuss hatte und ebenso undemokratisch unter dem Stichwort «Gender Mainstreaming» in die Geschäftsordnung unserer Bundesregierung mit aufgenommen wurde, löst seit einigen Jahren konsequent die Kategorien «Mann» und «Frau» auf.

Jeder soll sich sein Geschlecht aussuchen können

und nicht festgelegt sein. Hört sich doch gut an: Ich kann tun, was ich will. Keiner kann mir etwas vorschreiben!

Aber klar, das ist vorschreibende Ideologie in Reinform. Das sind irgendwelche Kulturhistoriker und Gesellschaftstheoretiker, die ihren Traum von einer neuen Welt per Gesetzgebung und ohne demokratische Willensbildung durchsetzen. Darauf kann ich verzichten.

Wenn ich's richtig verstanden hab, dann liegt dem Ganzen eine marxistische Gesellschaftstheorie zu Grunde: Benachteiligung würde aufhören, wenn Unterschiede zwischen Mann und Frau entfallen.

Der einflussreichste Theoretiker des Sozialismus und Kommunismus, Karl Marx (1818–1883), stirbt uns eben nie ganz weg, egal, wie oft er schon politisch gescheitert ist. Seit zwanzig Jahren versucht man auf verschiedenen Wegen, die Gender-Ideologie in die Bevölkerung einzuschleusen.

Beliebt ist die Waffe «Sprache verändern»[168]: Studierende statt Studenten. Arbeitende statt Arbeiter. Die Hoffnung ist, dass man die Wirklichkeit verändern kann, wenn man die Sprache verändert. Das geht, weil man auf der Ebene der Willensbildung seine Lobbyisten sitzen hat. Deswegen werden sogenannte «Genderexperten» benannt. Genderbeauftragte an allen Fronten. Opfer werden benannt, Bösewichte ausgemacht.

Aufmerksame Männer und Frauen haben das ja längst wahrgenommen: Wir werden systematisch beeinflusst vom Gender-Gagaismus.[169] Dabei kann ich den dahinterliegenden tiefen Wunsch durchaus gut verstehen: Man will nicht festgelegt sein, man will alles frei wählen können. Niemand sollte über einen anderen bestimmen.

Nicht über das biologische Geschlecht, nicht über die Hautfarbe, nicht über sonst irgendwas.

Aber wie so oft in der Geschichte erhebt sich hier die hässliche Hydra einer neuen Ideologie, die mir vorschreibt, was ich sein soll. Die mich zwingen will, das zu denken, was sie mir vorgibt. Ziemlich totalitär, das Ganze.

Auch dieser Weg kann mich letztlich nicht befriedigen auf meiner Suche nach Identität. Ich merke: Ich komme nicht alleine durch das Dickicht des Lebens. Nichts scheint sicher, alles ist im Fluss. Ich kann mich maximal noch meines Daseins versichern: *cogito ergo sum.* Ich denke, also bin ich. Wenigstens bin ich noch da. Wobei ich noch rausfinden oder erfinden muss, was dieses Ich eigentlich ist.

Da muss ich kapitulieren. Es ist eine Illusion, zu denken, in diesem kilometerlangen Joghurtregal bezüglich «Ich-Mix» den richtigen finden zu können. Ich mit mir und meinen Kompetenzen, Forschungsständen und Wahlmöglichkeiten bleibe irgendwie immer in ziemlich engen Grenzen gefangen. Ich brauche einen metaphysischen Einbruch von außen. Einen Einbruch, der mich sprengt.

Aber auch hier: Muss ich jetzt einen dieser Wege wählen? Hilfe, da gibt es zu viel falsch zu machen! Aber es gibt auch unheimlich viel Freiraum für Individualität. Ich kann einen – mehr noch: *meinen* – Weg zu Gott finden.

Der Hereinbruch des Ewigen

Wenn ich einen Gott (oder welchen Terminus du für das Metaphysische bevorzugst) wählen sollte, bin ich überfordert. Manch einer träumt davon, dass es einen Gott gäbe, der zu ihm käme und als Echtheitsbeweis seiner Existenz ihn an die Hand nehmen und führen würde.

Ich selber habe in Jesus diesen «herabgekommenen» Gott gefunden, der sich mir als Erklärer anbietet. Seine Erklärung, wie ich sie in der Bibel entdecke, finde ich *rational* einigermaßen zufriedenstellend: Ich kapiere nicht alles, aber was ich kapiere, scheint schlüssig und zu Ende gedacht zu sein.

Ich finde sie aber auch *emotional* zufriedenstellend: Ich bin nicht nur Hirn, und dieser Jesus bietet sich mir als liebender Freund und Bruder an, Gott gibt sich mir als mein Vater zu erkennen. Ich finde eine neue Familie in der Familie Gottes.

Und ich finde es *pragmatisch* zufriedenstellend: Im Leben passt es. Funktioniert es. Ich finde und empfinde Identität. Ich finde meinen Platz. Ich lebe gut damit.

Für mich persönlich war der Startpunkt tatsächlich ein unerwarteter Hereinbruch: Ich saß eines Abends als Jugendlicher in meinem Zimmer und langweilte mich. Ich konnte der Langeweile nicht entfliehen. In dieser Tristesse nahm ich – frag mich nicht, warum – meine bisher ungelesene Konfirmationsbibel zur Hand. Ich schlug sie beim Evangelium des Johannes auf. Das einzige Buch der Bibel, von dem ich mal gehört hatte, dass es leicht zu lesen sei. Und beim Lesen dieser uralten Worte brach der Ewige in mein Leben herein: Gott offenbarte sich mir in seinem Wort. Und ich wollte, ich konnte nicht anders, als nun gemeinsam mit ihm zu leben. Ihn anzuerkennen als Erklärer.

Das war im wahrsten Sinn des Wortes ein lebensverändernder Abend: mein persönlicher Durchbruch zum Ewigen. Oder besser: der Hereinbruch des Ewigen in mein

Leben. Und letztlich fand ich so nicht nur eine Erklärung für die Frage: Wer bin ich? Sondern ich fand die Antwort auf die Fragen: Wo gehe ich hin? Wer begleitet mich? Wer kennt sich aus?

Interessanterweise erlebte ich das nicht so, dass ich eine große Wahlmöglichkeit hatte an diesem Abend, sondern ich wurde sozusagen innerlich dazu gedrängt. Der britische Theologe John Stott (1921–2011) nennt dieses innere Drängen, das ich da erlebte, *The Hound of Heaven,* «den himmlischen Jagdhund». Gut, dass es ihn gibt.

Wir Menschen sind in unserer Erkenntnisfähigkeit begrenzt und brauchen es, dass der Ewige in unser Leben eingreift. Der himmlische Jagdhund setzt mir nach, stellt mich innerlich dann und wann, und ich merke: Das hier ist die Wahrheit – und nicht nur eine Religion. Nun lebe ich seit über zwanzig Jahren mit ihm und mache ständig neue wunderbare Entdeckungen. Ich fand Antworten auf Fragen, die mir nicht einmal bewusst gewesen waren, die ich unterschwellig aber gewiss gespürt habe.

Die wichtigsten Entdeckungen habe ich über mich selbst gemacht: Wer ich bin, was meine Identität und meinen Stand in dieser Welt ausmacht. Lass mich das mit dir in der Zielgeraden dieses Buches teilen.

Ich bin geschaffen, nicht konstruiert

Okay, das entspricht jetzt nicht unserer gegenderten *political correctness,* aber es flasht mich immer wieder, wenn ich darüber nachdenke: «Und Gott schuf den Menschen zu seinem Bilde, zum Bilde Gottes schuf er ihn; und schuf sie als Mann und Frau.»[170]

Gott wollte mich so, wie ich bin. Manches an mir ist festgelegt, bei vielem bin ich frei. Meine Hautfarbe, meine

Größe, Familie, Nationalität und ja, auch mein Geschlecht sind nicht veränderbar, egal, wie sehr ich daran rumdoktere. Gott selbst schuf mich, auch wenn er sich dafür natürlicher Prozesse bediente.

Und er hat eine Vorlage für meine Erschaffung benutzt: sich selbst. Ich bin eine Replik Gottes. Das berührt mich tief und sagt viel über meinen Wert aus.

Unsere Vorväter hatten das längst erkannt: In der Zeit vom 16. bis 18. Jahrhundert, in der im protestantischen Raum die Menschenrechte und die neuzeitliche Demokratie eingeführt wurden, waren die Begriffe Menschenwürde, Freiheit, Gleichheit, das Recht auf Leben, die Verpflichtung zur Brüderlichkeit und andere Menschen- und Bürgerrechte keine religionslosen Begriffe, sondern leiteten sich direkt aus der Vorstellung ab, dass ein Menschenleben wertvoll ist, weil es von Gott und in seinem Ebenbild erschaffen wurde.

Der bekannte und einflussreiche englische Arzt, Philosoph und Vordenker der Aufklärung John Locke (1632–1704) leitete die Gleichheit der Menschen, einschließlich der Gleichstellung der Geschlechter, nicht von säkularen Prämissen ab, sondern aus dem oben zitierten Vers aus 1. Mose 1. Dieses Gleichheitsprinzip – es bildet die Grundlage einer rechtsstaatlichen Demokratie (Rechtsgleichheit u. a.) – begründet die Freiheits- und Teilhaberechte des Einzelnen.

Wer bin ich? Ein Gegenüber Gottes; geschaffen nach seinem Abbild. Wow!

Ich bin gewollt, nicht bloß geduldet

Seien wir mal ehrlich: Wir alle sehnen uns danach, gewollt zu sein. Ob wir es zugeben oder nicht. Ob wir es bekämpfen oder zulassen. Es ist in unsere Tiefenschicht einprogrammiert: Bitte, bitte, hab mich lieb! Das ist einer der Gründe, warum wir so oft Enttäuschungen erleben in unseren Beziehungen.

«Denn Gott hat die Menschen so sehr geliebt, dass er seinen einzigen Sohn für sie hergab. Jeder, der an ihn glaubt, wird nicht zugrunde gehen, sondern das ewige Leben haben.»[171]

Durch die Fleischwerdung Gottes in Jesus zeigt er: Für dich gebe ich alles her. Ich gebe mein Bestes, nämlich meinen Sohn, für dich. Ich will dich. Ich liebe dich. Ich will hineinbrechen in deine Begrenztheit. Du bist zu mehr berufen, als nur zu leben.

Ich habe erfahren: Diese Dimensionen des Lebens, Denkens und Fühlens erschließen sich dir erst, wenn du mitten drin bist im Abenteuer mit Gott.

Ich bin gewürdigt, nicht verachtet

Ich will wichtig sein. Ich will nicht, dass mein Leben einfach nur bedeutungslos vorbeigeht. Es soll einen Sinn ergeben. Das ist Thema vieler Heldengeschichten, die mich tief drin ansprechen. Wie kann ich bedeutsam sein?

«So macht Gottes Geist uns im Innersten gewiss, dass wir Kinder Gottes sind. Wenn wir aber Kinder sind, dann sind wir auch Erben, und das heißt: Wir bekommen Anteil am unvergänglichen Leben des Vaters, genauso wie Christus und zusammen mit ihm.»[172]

Gott braucht mich wohl nicht. Dich braucht er vermutlich auch nicht. Denken wir. Aber aus seiner Sicht sind wir so würdig, dass er uns nicht nur nach seinem Vorbild geschaffen hat, sondern dass er uns in seine Existenz mit hineinnimmt. Dass er die gesamte Ewigkeit gerne mit dir teilen würde, wenn du das auch möchtest. Spürst du den Hereinbruch des Ewigen in dein Leben?

Der Aufbruch zum Ewigen

C.S. Lewis war der wohl bedeutendste christliche Philosoph des 20. Jahrhunderts. Er selbst war über dreißig Jahre Agnostiker, als er selbst den Hereinbruch des Ewigen erlebte. Er schrieb einmal darüber: «Alles das, was du bist, ist dazu bestimmt, Stillung zu atmen – wenn du nur Gott gewähren lässt.»[173]

Sicher: Du bist frei, mit Gott oder ohne ihn zu leben. Es ist zwar deine Bestimmung, mit diesem Gott zu leben, aber du bist nicht determiniert, nicht fatalistisch vorherbestimmt. Dennoch: Wenn du willst, kannst du jederzeit den Hereinbruch des Ewigen erbitten und zum Ewigen aufbrechen.

Wenn es dir geht wie mir, dann findest du bei Gott eine Identität, die frei ist von menschlichen Begrenzungen und Festlegungen, aber genauso frei von der schrecklichen Last, sich selbst immer wieder neu erfinden zu müssen. Eine Identität, die das Potenzial in sich trägt, dich zutiefst zu befriedigen. Wenn du das erlebst, kannst du mit dem Apostel Johannes bekennen:

«Seht doch, wie groß die Liebe ist, die uns der Vater erwiesen hat: Kinder Gottes dürfen wir uns nennen, und wir sind es tatsächlich! […] Ja, liebe Freunde, wir sind Gottes Kinder, wir sind es hier und heute.»[174]

Wer sagt mir, wer ich bin? Gott bietet in Jesus an, dich an der Hand zu nehmen, ohne dir deine Autonomie zu nehmen, und dir Schritt für Schritt zu zeigen, wer du in ihm sein kannst. Und wie? Indem du die Liebe Gottes atmest, darin badest und sie verströmst. Das ist deine Bestimmung. Darüber schreibt der US-amerikanische Autor Brennan Manning (1934–2013):

«Geliebte zu sein, das ist unsere Identität, der Kern unseres gesamten Seins.»[175]

Nachsatz: Wie kann ich Gott kennen lernen?

Vielleicht möchtest du gerne einen Schritt nach vorne gehen. Gott aktiv kennen lernen. Konsequenzen ziehen. Respekt! Aber das ist gar nicht so ohne! Mit einem Satz: Es ist ziemlich schwer – und doch kinderleicht!

Es ist sauschwer, weil ich als Mensch Gott gar nicht *face to face* begegnen kann. Der Apostel Johannes drückt das mal so aus: «Niemand hat Gott jemals gesehen.»[176] Ich kann Gott erst mal gar nicht kennen lernen! Meine Erkenntnisfähigkeit schafft mir einfach keinen brauchbaren Zugang zu ihm.

Mehr noch: Ich passe auch gar nicht zu dem perfekten Gott. Denn darin sind alle Menschen gleich: «... denn alle haben gesündigt, und in ihrem Leben kommt Gottes Herrlichkeit nicht mehr zum Ausdruck!»[177] Bumm – das sitzt! Ich erkenne erst mal meinen vollständigen Bankrott an. Gott ist da draußen – ganz weit weg. Und ich bin hier: ohne Brücke ins Dort!

Das zu erkennen und anzuerkennen ist unglaublich schwer. Wie gerne würdest du vielleicht den Sprung in den Glauben hinein wagen – wenn du nur wüsstest, wie das geht! Aber die «gute Nachricht» ist (das ist übrigens die deutsche Übersetzung des Wortes «Evangelium»): Gott wagt den Sprung herüber zu mir! Er sieht meine Unmöglichkeit und meine Gebundenheit, springt zu mir herüber und sprengt meine Ketten.

«Gott hingegen beweist uns seine Liebe dadurch, dass Christus für uns starb, als wir noch Sünder waren.»[178]

In Jesus ist Gott im wahrsten Wortsinn «herabgekommen» – ein Abstieg für ihn, der mir zur Aufstiegsmöglichkeit wird. Weil Jesus alles gab und bis zum Äußersten ging – ohne Rücksicht auf Verluste –, ist der Weg frei zu Gott. Gott ist nur noch ein Gebet weit entfernt.

Das ist wiederum dann das Kinderleichte am Glauben! Und gleichzeitig auch die Bedingung: «Ich versichere euch: Wenn ihr nicht umkehrt und wie die Kinder werdet, könnt ihr nicht ins Himmelreich kommen.»[179]

Du kannst ganz kindlich-einfach dein Leben in vollem Vertrauen diesem herabgekommenen Gott hinschmeißen. Er sammelt so gerne deine Scherben auf und fügt sie kunstvoll zu einem neuen Ganzen zusammen: «Doch wenn wir unsere Sünden bekennen, erweist Gott sich als treu und gerecht: Er vergibt uns unsere Sünden und reinigt uns von allem Unrecht …»[180]

Und wenn du das tust, wirst du vielleicht merken, dass der unsicher scheinende Grund trägt, und idealerweise kommst du an den Punkt, wo es dir zu einer inneren Gewissheit wird, dass Gott in deinem Leben Einzug gehalten hat: «Nicht ihr habt mich erwählt, sondern ich habe euch erwählt.»[181]

Menschliche Freundschaften ergeben sich aus beiderseitiger Wahl. Göttliche Freundschaft ergibt sich aus göttlicher Wahl. Er erwählt uns. Nicht ich kann Gott erkennen, sondern er erkennt mich!

Das hat mein eigenes Leben tiefgreifend verändert. Seitdem bin ich damit beschäftigt, zu erkennen, was das alles verändert hat in und an mir. Und da staune ich manchmal Bauklötze, welche Dynamik Gott in mir entwickelt.

> «Wenn jemand zu Christus gehört, ist er eine neue Schöpfung. Das Alte ist vergangen; etwas ganz Neues hat begonnen!»
> *2. Korintherbrief 5,17 (NGÜ)*

Über den Autor

Immanuel Grauer, Jahrgang 1978, Studium der Theologie, ist verheiratet mit Rebecca und Vater von acht Kindern. Er arbeitete fünfzehn Jahre als Jugendreferent, seit kurzem als Pastor der evangelischen Gemeinde «per.DU» in Karlsruhe, die einen starken Fokus auf die Arbeit mit Kindern und Jugendlichen legt.

Er hat verschiedene Sozialprojekte gegründet für gesellschaftliche Randgruppen an Brennpunktschulen seines Stadtteils, ist Mitgründer und Vorstand eines christlichen Netzwerkes für Flüchtlingsarbeit sowie Mitgründer und Vorstand eines christlichen Vereins für Kinderbetreuungs-Einrichtungen.

Anmerkungen

[1] Geistesgeschichtlich sogar schon in den weltbewegenden Umbrüchen der Renaissance des 15. Jahrhunderts: v. a. nach der Entdeckung Amerikas oder nach der Eroberung Konstantinopels und dadurch der Beendigung des Byzantinischen Reiches. Ich weiß, auch darüber kann man sich trefflich streiten. Alles in allem werde ich hin und wieder Dinge zur besseren Lesbarkeit pauschalisieren. Man möge bitte darüber hinwegsehen.

[2] Kästchen: Nach Ron Kubsch: «Die Postmoderne: Abschied von der Eindeutigkeit», Hänssler; Holzgerlingen 2007.

[3] Nihilismus: Die Überzeugung, dass alles Seiende im Prinzip sinnlos ist, weshalb alle Werte und Ziele abzulehnen sind (Quelle: Internet).

[4] Hugo Ball: 1886–1927; Mitgründer der Dada-Bewegung und ein Pionier des Lautgedichts. «KARAWANE» (Zug der Elefanten), 1917 (Quelle: de.wikipedia.org).

[5] Zumindest wird dieses Zitat Mark Twain (1835–1910; amerikanischer Schriftsteller) zugeschrieben.

[6] «Der Marsch für das Leben» ist eine Demonstration der Lebensrechtsbewegung in Berlin. Veranstalter ist der Bundesverband Lebensrecht. Sie richtet sich gegen Schwangerschaftsabbrüche und Praktiken der Sterbehilfe, Stammzellforschung und Präimplantationsdiagnostik (Quelle: de.wikipedia.org).

[7] «Demo für alle» ist eine Aktionsbewegung, die von Frankreich ausgehend (dort: *La Manif Pour Tous*) Widerstand gegen die «Ehe für alle» organisiert und konkret gegen Lehrpläne für «sexuelle Vielfalt» und Gender-Mainstreaming in Baden-Württemberg kämpft (Quelle: de.wikimannia.org).

[8] Übertreibung als Stilmittel des Lebens.

[9] Jesaja 22,13 (LB; Hfa)

[10] So zum Beispiel seit Jahren von der Shell-Jugendstudie ermittelt.

[11] 1. Johannesbrief 4,7–10 (NGÜ)

[12] Johannes-Evangelium 14,6 (NGÜ)

[13] Polytheismus = Vielgötterei.

[14] Römerbrief 9,20 (NeÜ)

[15] Aus: «ideaSpektrum», 36/2013, Seite 30.

[16] Johannes-Evangelium 6,60–61.65–69 (NGÜ)

[17] https://www.bundesregierung.de/Content/DE/Artikel/2016/02/2016-02-18-mueller-konferenz-partner-fuer-den-wandel.html; Stand: 5.3.2018.

[18] Ebd.

[19] http://www.ead.de/arbeitskreise/religionsfreiheit/nachrichten/einzelansicht/article/deutschland-entwicklungshilfe-ohne-religion-nicht-moeglich.html; Stand: 5.3.2018.

[20] «Die Last des weißen Mannes: Die Vereinigten Staaten und die philippinischen Inseln» (1899) von Rudyard Kipling ist ein Gedicht über den philippinisch-amerikanischen Krieg (1899–1902), in dem die Vereinigten Staaten dazu aufgefordert werden, koloniale Kontrolle über die Philippinen zu übernehmen.
Die amerikanischen Imperialisten benutzten die Formulierung «Die Last des weißen Mannes», um den Imperialismus als ein edles Unterfangen zu rechtfertigen. Der Titel und die Themen von «The White Man's Burden» strotzen vor eurozentrischem Rassismus und vor dem Glauben der westlichen Welt, die Dritte Welt zivilisieren zu können (Quelle: de.wikipedia.org).

[21] Volker Heins: «Globalisierung und soziales Leid», in Axel Honneth (Hrsg.): *Befreiung aus der Mündigkeit. Paradoxien des gegenwärtigen Kapitalismus,* Campus: Frankfurt 2002.

[22] Ross Douthat: *Bad Religion. How We Became a Nation of Heretics,* Free Press: New York 2012, Seite 77. Vergleiche auch: http://www.timothykeller.com/blog/2014/3/26/ross-douthat-on-the-character-of-christianitys-decline-part-1; Zitat dort leicht abgeändert.

[23] Ebd.

[24] *Missio Dei,* ein theologischer *Terminus technicus,* der beschreibt, welches Ziel Gott mit dieser Schöpfung anstrebt. Er selbst ist bei dieser Mission der Handelnde.

[25] Johannes-Evangelium 1,10–12 (NGÜ)

[26] Weitere ausführliche Infos unter http://www.christianitytoday.com/ct/1998/january12/8t1042.html; Stand: 5.3.2018.

[27] 1813 bekam man für einen US-Dollar 2,13 indische Rupien. Oder für 8 Rupien ein britisches Pfund. 2010 bekam man für einen US-Dollar 48 Rupien. Siehe Vishal Mangalwadi: *Das Buch der Mitte,* Fontis: Basel 2015, Seite 490 und 582.

[28] Albrecht Hauser: «Bekennen, warum wir uns freuen», in: «factum» 2/2016, Seite 10.

[29] Johannes-Evangelium 8,32 (ELB)

[30] Reinkarnation = Die in den asiatischen Religionen, aber auch in der Antike verbreitete Vorstellung, dass alle Lebewesen über ihren Tod hinaus in einem Kreislauf des Lebens weiterexistieren und in irgendeiner Weise wiedergeboren werden.

[31] Charles Trinkaus, zitiert in Mangalwadi: a. a. O., Seite 109.

[32] Ebd., Seite 115.

[33] http://www.timothykeller.com/blog/2012/4/9/ross-douthat-and-others-on-why-christianity-has-declined-in-the-us?rq=richard%20niebuhr; Stand: 5.3.2018.

[34] Mangalwadi: a. a. O., Seite 120.

[35] Peter L. Berger: *Globalization and the Challenges of a New Century,* University Press: Bloomington 2000, Seite 425. Zitiert bei: Mangalwadi: a. a. O., Seite 485.

[36] So z. B. in Hiob 38,4–6.

[37] Vgl. 1. Mose 1,28; 2,15.

[38] Psalm 104,6; Hiob 38,9; Psalm 104,2; 102,27

[39] Schalom bedeutet zunächst Unversehrtheit, Heil; es ist damit nicht nur Befreiung von jedem Unheil und Unglück gemeint, sondern auch Gesundheit, Wohlfahrt, Sicherheit, Frieden und Ruhe (Quelle: de.wikipedia.org).

[40] Jeremia 29,7 (LB)

[41] Siehe die ganze tragische Geschichte in 1. Mose 1–3.

[42] Die Waorani werten die Bezeichnung «Auca» als Beleidigung, da es Feind, Fremder, Wilder, Barbar, Verräter, Krieger oder Heide bedeutet.

[43] Mehr zu der Geschichte der Waorani unter https://en.wikipedia.org/wiki/Operation_Auca. Ein hochinteressanter Spielfilm ist vor einigen Jahren auch auf Deutsch erschienen: «Durch den Tod versöhnt».

[44] Als Eklektizismus (von griech. eklektos, «ausgewählt») bezeichnet man Methoden, die sich verschiedener entwickelter und abgeschlossener Systeme (z. B. Stile, Disziplinen, Philosophien) bedienen und deren Elemente neu zusammensetzen (Quelle: de.wikipedia.org). Etwa wie bei

einem Buffet, an dem man sich die besten Häppchen nach dem persönlichen Geschmack zusammensucht.

45 Agnostizismus (latinisierte Form des griechischen *agnostikismos* von altgriechisch *agnosis,* ohne Wissen, ohne Erkenntnis) ist die philosophische Ansicht, dass Annahmen – insbesondere theologische, die die Existenz oder Nichtexistenz einer höheren Instanz, beispielsweise eines Gottes, betreffen – ungeklärt oder nicht erklärbar sind (Quelle: de.wikipedia.org).

46 Die Angaben der Quellen schwanken zwischen 1,5 und 3,5 Millionen (nicht mitgerechnet die 30–45 Millionen Toten der darauffolgenden Hungersnot), siehe: https://www.welt.de/geschichte/article157084955/Maos-Schwimmstunde-kostete-100-Millionen-Opfer.html; http://alles-schallundrauch.blogspot.ch/2010/09/mao-zedong-der-grosste-massenmorder-der.html; http://www.hawaii.edu/powerkills/20TH.HTM; Stand: 8.3.2018.

47 https://www.nzz.ch/aufstrebende_kirche_ohne_kirche_in_china-1.6201795; Stand: 8.3.2018.

48 https://de.catholicnewsagency.com/story/nordkoreaner-erzahlt-trotz-erschutternder-verfolgung-verbreitet-sich-das-christentum-1887; Stand: 8.3.2018.

49 Alister McGrath: *The Twilight of Atheism. The Rise and Fall of Disbelief in the Modern World,* Oxford University Press: Oxford 2004, Seite 230; zitiert in Timothy Keller: *Warum Gott? Vernünftiger Glaube oder Irrlicht der Menschheit?,* Brunnen: Gießen 2011[3], Seite 31.

50 Apostelgeschichte 17,18.32 (LB)

51 Die Herkunft dieser Geschichte ist unbekannt. Sowohl im Buddhismus als auch im Sufismus wird sie erzählt. Vermutlich entstand sie in Südasien; https://de.wikipedia.org/wiki/Die_blinden_M%C3%A4nner_und_der_Elefant; Stand: 8.3.2018.

52 Keller: a. a. O., Seite 38.

53 Johannes-Evangelium 14,6 (LB)

54 C.S. Lewis: *Pardon, ich bin Christ. Neu übersetzt zum 50. Todestag von C.S. Lewis,* Fontis: Basel 2016; Seite 72.

55 Der Begründer dieser Herangehensweise an Denkvorgänge ist der amerikanische Wissenschaftstheoretiker Thomas S. Kuhn (1922–1996).

56 Vgl. https://manglaubtesnicht.wordpress.com/2017/01/30/der-prophetisch-mathematische-gottesbeweis-von-werner-gitt/; http://wägwyser.ch/?id_listeneintraege=228&id=126; Stand: 8.3.2018.

[57] Vgl. http://www.evangelikal.de/istderwortlaut.html, https://www.gute-nachrichten.org/ARTIKEL/gn04so_art6.htm u. a.; Stand: 8.8.2018.

[58] Vgl. Michael Behes Konzept der «nichtreduzierbaren Komplexität», mit der er für das Intelligent Design argumentiert: «Ein nichtreduzierbar komplexes System kann nicht auf direktem Weg (d. h. durch fortgesetztes Verbessern der ein und derselben Ausgangsfunktion, die durch denselben Mechanismus weiter arbeitet) durch leichte aufeinanderfolgende Änderungen von weniger komplexen Vorläufersystemen erzeugt werden, weil jeder Vorläufer zu einem nichtreduzierbar komplexen System, an dem ein Teil fehlt, *per definitionem* funktionsunfähig ist» (Michael J. Behe: *Darwin's Black Box. The Biochemical Challenge to Evolution,* Free Press: New York 2006, Seite 39).

[59] Römerbrief 1,20 (LB)

[60] Alvin J. Schmidt: *Wie das Christentum die Welt veränderte,* Resch: Gräfelfing 2009.

[61] Johannes-Evangelium 12,45 und 14,9 (LB)

[62] David Hume: «Untersuchung in Betreff des menschlichen Verstandes», 10.1; http://www.textlog.de/hume_untersuchung_11-3.html; Stand: 9.3.2018.

[63] Richard Dawkins: *Der Gotteswahn,* Ullstein: Berlin 2007, Seite 221.

[64] John Lennox: *Hat die Wissenschaft Gott begraben?,* SCM R. Brockhaus: Witten 2009, E-Book-Ausgabe.

[65] C.S. Lewis: *Wunder,* Brunnen (neu Fontis): Basel 1999, Seite 70.

[66] Ebd., Seite 72.

[67] Francis S. Collins: *The Language of God,* The Free Press: New York 2006, Seite 51–52; zitiert in Lennox: a. a. O.

[68] G.K. Chesterton: *Orthodoxy,* The Bodley Head: London 1909; Projekt-Gutenberg-E-Book (http://www.gutenberg.org/ebooks/16769?msg=welcome_stranger). Siehe auch:
http://omnia.alte-messe-bistum-speyer.de/?p=1842; Stand: 9.3.2018.

[69] Richard C. Lewontin: «Billions and Billions of Demons»; auf: «The New York Review», 9.1.1997; Rezension zum Buch von Carl Sagan: *The Demon-Haunted World. Science as a Candle in the Dark,* Random House: New York 1995. Siehe auch: http://www.nybooks.com/articles/1997/01/09/billions-and-billions-of-demons/; Stand: 12.3.2018.

[70] Richard Schröder: *Abschaffung der Religion? Wissenschaftlicher Fanatismus und die Folgen,* Herder: Freiburg 2001, Seite 17.

[71] 1. Korintherbrief 1,21–25 (NeÜ)

[72] Vgl. http://hyperphysics.phy-astr.gsu.edu/Nave-html/Faithpath/Prance.html; Stand: 12.3.2018.

[73] Chesterton: a. a.O. Siehe auch: https://www.mykath.de/topic/10635-die-denkverbote-der-atheisten/; Stand: 12.3.2018.

[74] Hebräerbrief 11,1 (NeÜ)

[75] Melvin Calvin: *Chemical Evolution,* Clarendon Press: Oxford 1969, Seite 258, zitiert in: Lennox: a. a. O.

[76] Zitiert in K. Eriksson u. a.: *Angewandte Mathematik: Body and Soul. Ableitungen und Geometrie,* Springer: Berlin und Heidelberg 2004, Seite 79.

[77] Quelle: Amy Orr-Ewing: *Why Trust the Bible?,* Inter-Varsity Press: Nottingham 2005, Seite 41–43.

[78] Matthäus-Evangelium 18,3 (NGÜ)

[79] Chesterton: a. a. O.

[80] Ebd.

[81] Johannes-Evangelium 20,32 (EÜ)

[82] Johannes-Evangelium 1,12 (LB)

[83] Vgl. https://www.mdr.de/sachsenradio/programm/wort-zum-tag946_page-5_zc-6ed60dc1.html; Stand: 13.3.2018.

[84] Johannes-Evangelium 20,19–20 (LB)

[85] Mangalwadi: a. a. O.

[86] Der römische Geschichtsschreiber Seneca (ca. 1–65 n. Chr.) in: *De ira. Über die Wut,* 1,15,2, Jula Wildberger (Hrsg./Übers.), Reclam: Stuttgart 2007.

[87] «Didache» 2.2 in: *Die apostolischen Väter,* Andreas Lindemann (Hrsg.), Mohr: Tübingen 1992, Seite 7.

[88] Quintus Septimius Florens Tertullianus (ca. 150–220) und Carl Becker (Hrsg.): *Apologeticum. Verteidigung des Christentums,* Kösel: München 1961², 9.8, Seite 89.

[89] Max Henning (Übers.): *Der Koran,* Reclam: Stuttgart 2012², E-Book-Ausgabe.

[90] Epheserbrief 5,25.28 (LB)

[91] Das Zwölftafelgesetz ist eine um 450 v. Chr. in Rom entstandene Gesetzessammlung, die in zwölf bronzenen Tafeln auf dem Forum Romanum ausgestellt war. Die Existenz der Tafeln ist nicht zweifelsfrei erwiesen, da auf Autopsie beruhende Zeugnisse nicht überliefert sind, überwiegend wird aber davon ausgegangen, dass es sie gegeben haben muss (Quelle: de.wikipedia.org).

[92] Der Apostel Paulus im Philipperbrief 2,4 (EÜ).

[93] Jakobus, der Bruder von Jesus, in seinem gleichnamigen biblischen Brief 1,27 (LB).

[94] Karlheinz Deschner: *Kriminalgeschichte des Christentums,* Rowohlt: Reinbek bei Hamburg 2004, Seite 107.

[95] Arnold Kübler: «Henry Dunant, die Schlacht von Solferino und die Anfänge des Roten Kreuzes», in: «Du: kulturelle Monatsschrift» 1942, Band 2, Heft 8, Seite 14; http://doi.org/10.5169/seals-288904; Stand: 13.3.2018.

[96] Vgl. http://evangelischer-bund.de/wp-content/uploads/2014/11/Bildungsimpulse-Luther-und-Melanchthon-und-ihre-aktuelle-Bedeutung-Schneider-Ludorff.pdf; Stand: 13.3.2018.

[97] Siehe Hansjürg Stückelberger, Gründer der Menschenrechtsorganisation «Christian Solidarity International», in: «Z für Zukunft», Nr. 12/2014, Seite 6-7.

[98] Nach Vishal Magalwadi: *Das Buch der Mitte.*

[99] Zitiert bei Loren Cunningham: «Z für Zukunft», Nr. 12/2014, Seite 30.

[100] Lukas-Evangelium 2,14 (LB)

[101] Interview «Was die Bibel alles bewirkt», in: «ideaSpektrum», 26/2015, Seite 16.

[102] Lukas-Evangelium 9,23 (LB)

[103] Johannes-Evangelium 6,26 (Hfa)

[104] Vers 35 (Hfa)

[105] Vers 66 (Hfa)

[106] C.S. Lewis: *Pardon, ich bin Christ,* Fontis: Basel 2016, Seite 210.

[107] Johannes-Evangelium 10,18 (Hfa)

[108] Lukas-Evangelium 9,23 (LB)

[109] 1. Korintherbrief 15,31 (LB)

[110] Matthäus-Evangelium 16,25 (LB)

[111] Lukas-Evangelium 9,57f. (Hfa)

[112] Vgl. Philipperbrief 2,3.

[113] Matthäus-Evangelium 22,37 (Hfa)

[114] Vers 38f. (Hfa)

[115] Johannes-Evangelium 8,32 (LB)

[116] Johannes-Evangelium 14,6 (Hfa)

[117] Ernst Fuchs: *Hermeneutik,* Mohr Siebeck: Tübingen 1996[4], Seite 161.

[118] Gotthold Ephraim Lessing (Hrsg.): *Fragmente eines Wolfenbüttelschen Ungenannten,* Berlin 1835[4], § 35, Seite 110.

[119] Armin Sierszyn: *Christologische Hermeneutik. Eine Studie über historisch-kritische, kanonische und biblische Theologie mit besonderer Berücksichtigung der philosophischen Hermeneutik von Hans-Georg Gadamer,* Lit-Verlag: Wien 2010, Seite 25. Vgl. auch Bernhard Lohse: *Martin Luther. Eine Einführung in sein Leben und sein Werk,* Beck: München 1997[3], Seite 191.

[120] Klaus Berger: *Die Bibelfälscher,* Pattloch: München 2013, E-Book-Ausgabe.

[121] Markus-Evangelium 1,11; Lukas-Evangelium 3,22 (LB)

[122] Markus-Evangelium 9,7 (LB)

[123] Markus-Evangelium 3,11 (LB)

[124] Nach Lukas-Evangelium 1,32

[125] Matthäus-Evangelium 16,16 (ELB)

[126] Matthäus-Evangelium 14,33 (NGÜ)

[127] Lukas-Evangelium 1,1–4 (LB)

[128] Siehe die Zeugenliste im 1. Korintherbrief 15,6–8.

[129] Johannes-Evangelium 18,37f. (LB)

[130] Klaus Berger: a. a. O.

[131] Gertrud von le Fort: «Hymnen an die Kirche», zitiert in: Klaus Berger: a. a. O.

[132] Johannes-Evangelium 14,6 (LB)

[133] 2. Timotheusbrief 3,16 (Hfa). Vgl. zum Thema «Die Bibel als Gottes Wort» folgenden Artikel aus den Glaubens-FAQ von ERF Medien: https://www.erf.de/glaubens-faq/die-bibel-als-gottes-wort/33618-33?cat=5&reset=1; Stand: 24.4.2018.

[134] Exegese = Auslegung, Erläuterung (der Bibel)

[135] Klaus Berger: a. a. O., Seite 38.

[136] Zitiert nach Peter Hahne: *Schluss mit lustig,* Johannis: Lahr 2004, Seite 123.

[137] Quelle: de.wikipedia.org.

[138] Jesaja 45,7 (NeÜ)

[139] Amos 3,6 (EÜ)

[140] Vgl. Römerbrief 2,1–16.

[141] Matthäus-Evangelium 27,46; Markus-Evangelium 15,34

[142] Jesaja 53,3–5 (ELB)

[143] Offenbarung nach Johannes 21,1.3–4 (ELB)
[144] Zitiert in Keller: a. a. O., Seite 60.
[145] Lukas-Evangelium 9,24 (Hfa)
[146] Hiob 42,3 (EÜ)
[147] Matthäus-Evangelium 11,28 (LB)
[148] Vgl. http://www.aegypten-geschichte-kultur.de/das-totengericht; Stand: 22.3.2018.
[149] Buch Prediger 3,10f. (NeÜ)
[150] Zitiert in: Manfred Lütz: *Gott. Eine kleine Geschichte des Größten,* Pattloch: München 2007, Seite 176.
[151] Lütz: a. a. O., Seite 170.
[152] Einmal abgesehen von den atheistischen Strömungen im griechisch-römischen Denken.
[153] Römerbrief 8,11 (NeÜ)
[154] N.T. Wright: *The Resurrection of the Son of God,* SPCK: London 2003, Seite 686 und 688.
[155] Keller: a. a. O., Seite 240.
[156] 1. Korintherbrief 15,3–8 (NeÜ)
[157] Keller: a. a. O., Seite 243.
[158] Zitiert in Keller: a. a. O., Seite 249.
[159] http://dasleben.info/article/10-unwiderstehliche-argumente-fur-die-auferstehung; Stand: 26.3.2018.
[160] Zitiert in Keller: a. a. O., Seite 223.
[161] Offenbarung nach Johannes 21,1.3–4 (frei zitiert nach NeÜ)
[162] Vgl. https://signwithcourtney.wordpress.com/thoughts-on-things/archery-targets-sin-good-less-ness-and-forgiveness/; Stand: 26.3.2018.
[163] Vgl. U4-Text des Buches: *The Male Brain,* von Louann Brizendine, Bantam Books: New York 2011.
[164] Eine Farce = Eine Sache, die als wichtig dargestellt wird, im Verhältnis zu diesem Anspruch aber lächerlich wirkt.
[165] Mit Kanon meine ich einen Maßstab oder eine Richtschnur bzw. Regel, die mir normativ etwas vorgibt.
[166] *Duden. Zitate und Aussprüche,* Duden-Verlag: Mannheim u. a. 1993, Seite 690.
[167] *Zitate zum Kirchenjahr,* Vandenhoeck & Ruprecht: Göttingen 1996, Seite 136.
[168] Als Erste schlug dies Prof. Judith Butler vor in: *Das Unbehagen der Ge-*

schlechter, Suhrkamp: Frankfurt 1991. (Original: *Gender trouble. Feminism and the subversion of identity,* Routledge: New York 1990.)

[169] Vgl. Birgit Kelle: *GenderGaga. Wie eine absurde Ideologie unseren Alltag erobern will,* Adeo: Aßlar 2015.

[170] 1. Mose 1,27 (LB)

[171] Johannes-Evangelium 3,16 (Hfa)

[172] Nach Römerbrief 8,16f. (GNB)

[173] https://www.evangeliums.net/zitate/zitat_2921.html; Stand 7.5.2018.

[174] 1. Johannesbrief 3,1f. (NeÜ)

[175] Brennan Manning: *Kind in seinen Armen. Gott als Vater erfahren,* SCM R.Brockhaus: Witten 2013.

[176] 1. Johannesbrief 4,12 (LB)

[177] Römerbrief 3,23 (NGÜ)

[178] Römerbrief 5,8 (NGÜ)

[179] Matthäus-Evangelium 18,3 (NGÜ)

[180] 1. Johannesbrief 1,9 (NGÜ)

[181] Johannes-Evangelium 15,16 (LB)